素养导向下的行与思

韩垂栋 彭丽琼／著

中国出版集团 现代出版社

图书在版编目(CIP)数据

素养导向下的行与思 / 韩垂栋，彭丽琼著. — 北京：现代出版社，2021.8

ISBN 978-7-5143-9421-4

Ⅰ. ①素… Ⅱ. ①韩… ②彭… Ⅲ. ①语文教学—课堂教学—教学研究 Ⅳ. ①H19

中国版本图书馆CIP数据核字（2021）第173727号

素养导向下的行与思

作　　者　韩垂栋　彭丽琼
责任编辑　张　璐
出版发行　现代出版社
地　　址　北京市安定门外安华里504号
邮政编码　100011
电　　话　010-64267325　64245264
网　　址　www.1980xd.com
电子邮箱　xiandai@cnpitc.com.cn
印　　制　北京政采印刷服务有限公司
开　　本　710mm × 1000mm　1/16
印　　张　10
字　　数　160千字
版　　次　2021年9月第1版　2021年9月第1次印刷
书　　号　ISBN 978-7-5143-9421-4
定　　价　45.00元

目录

CONTENTS

第一部分　素养导向下的学校管理

第二部分　素养导向下的语文课堂

1

第一部分

素养导向下的学校管理

思考篇

创山区优质学校　办人民满意的学校

——山区学校的办学思考

我曾是一所农村小学——平远县东石中心小学的校长。当年学校有校本部1个完小和锡水、凉庭、明新3个教学点，全校有33个教学班、1200多名学生、87名教师。作为县内规模最大的农村小学，办学条件和管理水平都有较好的基础，多年来处于全县领先地位：连续五年摘取了“平远县教学质量优胜单位”桂冠，获得了“梅州市书香校园”“梅州市语言文字工作先进单位”“平远县文明学校”“平远县优秀基层党组织”等荣誉称号，被教育部、国家体育总局确定为“全国青少年校园足球活动项目学校”。打造了一支“五星级”团队，造就了一大批县、镇骨干教师和省、市、县知名教师。涌现出一大批德、智、体、美、劳全面发展的学生，特别是在近几年全县六年级学业水平检测中，平远县东石中心小学进入平远中学直升班的学生人数列全县乡镇之首。一所农村小学如何继往开来，进一步提升办学水平，办人民满意的学校，值得我们认真研究探索。

思考一：办什么样的农村小学？

办好农村小学，我认为应该面对现实，立足当地，根据学校的人力和财力确定切实可行的办学方向。所以，我们确立了“文化校园、和谐东石、特色教育、幸福人生”的治校战略。把学校办学思路分为三个阶段：第一阶段是“一转三为”，即行政管理转为教育专业管理，德育为首，安全为主，教学为中心。第二阶段是“一转三为，推进五大建设，打造五大特色”。第三阶段提出“文化型管理”理念，即“以规范化管理打基础，以文化建设促提高，以特色办学求发展”。在这里，学生学会做人、学会求知、学会健身、学会审美、学会劳动；在这里，老师爱岗敬业、业务精良、安居乐业；在这里，办学特色鲜明，教育目标明确，教学效果显著，不断创造东石优质教育的多个“第一”。

思考二：用什么样的办学理念来指导山区小学办学？

东石中心小学的办学理念是什么？“幸福从这里起航——”，就是要创建绽放幸福人生的优质学校，造就充满幸福情意的活力师生。这一理念包含三层意思。

1. 幸福的含义

随着经济社会发展理念的变革，幸福正成为一个社会进步的标志，个人自我发展的标志，而这两者又是相辅相成的。那么，什么是幸福？使每个人在物质生活需求和精神生活需求之间达到一种平衡，实现人和社会的和谐发展，就是幸福的境界。

2. 小学教育对“幸福教育”的影响

教育对人的幸福观、幸福品质、幸福能力的确立起着决定作用，其中小学教育是奠基石。小学教育不仅仅是知识的学习和技能的训练，更重要的是启迪智慧，造就精神充盈的个体，培养个性健全的人。

3.“幸福教育”的目标

“幸福教育”的理念更重视德育，重视人的健全个性，重视人的精神世界。学校应始终将德育工作放在首位，以人为本，全员育人、全程育人、全方位育人。积极探索实践“幸福教育”，让学校成为提升师生幸福指数的乐园；让教职工有尊严地工作和美好地生活；让孩子们德、智、体、美、劳全面和谐发展，快乐学习，健康成长。

思考三：建设怎样的教师队伍？

农村小学教师素质令人担忧，在我校的87位教师中，30 ~ 35岁的12人，占教师总数的14.1%；35 ~ 48岁的12人，占教师总数的13.8%；其余为48岁以上。48岁以上的教师多数是20世纪60年代末70年代初“文革”时期的高中、初中毕业生，是从代课教师转成民办教师，再从民办教师转成公办教师，所以他们中的绝大多数没有经过专业训练，知识功底较差，知识结构老化，教育理论比较匮乏，不能适应课程改革的实施要求。特别是近5年来，新分配到校的都是“小三科”专业老师，教师的年龄结构逐渐老化，且占比越来越大。那么，针对这种现状，该如何建设教师队伍呢？

1. 抓好领导班子建设

学校的领导班子是学校发展的龙头：首先要求要有领导才识。面对大局，能够自觉地讲政治、讲原则、讲团结、讲奉献；面对困难和问题，敢带头、敢挑担、敢负责、敢批评；面对师生，有容量、有威信、有亲和力、有凝聚力。其次要求是师生的楷模。我想，既为学校的领导成员，就应是师德模范、教学能手和教研骨干，就应该真正受到师生内心认同和肯定，是师生追赶的目标、学习的榜样。工作过程讲究“目标诱导—计划指导—过程督导—及时疏导—评估促导”，把学校工作由虚变实，落到实处。

2. 抓好一线教师队伍建设

（1）加强师德修养，做诲人不倦、爱生如子的人师。深入开展以“讲正气　提素质　比贡献　树形象”为主题的师德教育活动，以创建“文明标兵”“文明班级”“文明办公室”为平台，促进教师爱岗敬业，教书育人。

（2）建立教师人才档案，强化管理机制。学校管理者应根据教师的特点，合理地运用内部激励和外部激励、精神激励和物质激励相结合，以满足教师的不同需要。做到教师个人激励与教师群体激励相结合，有效调动教师的积极性，建立合理、适宜的内部竞争体制。学校对教师的激励要采取公平公正原则，如实施教师奖励绩效工资，教师竞争上岗，教师岗位设置，各种不同形式、类别的表彰（教育教学、学校管理、安全管理、常规教学先进个人、师德师风先进个人、优秀教师、先进教育工作者等），表彰类型基本涵盖学校的各个方面，让每位教师都有可能成为某一方面的佼佼者。这样既可以激发教师的工作热情，又能将自己的长处发挥得淋漓尽致，全心全意为教育教学服务。

（3）加强教师业务培训，提高教师业务水平。作为管理者，必须全面了解本地、本校教师的优势及存在的问题，结合学校具体实际拟订中长期教师培训计划。首先，计划中必须涉及全员培训、中青年教师培养、骨干教师培训、优秀班主任培训、名师培养等；其次，学校必须对所有培训者提出明确具体的要求（包括自身和学校等方面），如进行经验介绍，上汇报课、示范课等，符合要求后才能报销各种培训费用；最后，进行校本培训，由于农村地区学校分散，集中培训困难，培训经费紧张，任务繁重，而校本培训立足学校，教师全员参与，解决了工学矛盾，降低了培训成本，是较实际的教师继续教育方式，是未来教师培训的方向。

（4）以课题研究为平台，带动教师教研能力的提高。近年来，我校承担的国家级“十一五”规划子课题“创新智能教学模式研究”及省级德育课题“‘新三好’评价体系研究”均顺利结题。年轻教师已具备一定的课题研究经验，并能把好的经验、模式应用于实际教学，用理论指导实践，课题研究有效地带动了学校各方面的工作，给学校教学质量的提高带来了可喜的变化。所以接下来的10年，要继续宣传教研，让全体教师都明白积极自觉搞教研是本职工作，让教研蔚然成风；要指导教研，使教师明白研什么、怎么研；要激励教研，物质的和精神的激励缺一不可。

另外，校长在加强教师队伍建设工作中还应该考虑到教师群体的特殊性，对教师的管理绝不能单纯地管束和制约，而应体现人文关怀。“管”要在“理”的基础上进行，“理”是为了“管”，是更有效的“管”，二者相辅相成、相得益彰。因此，校长应精心营造和谐的校园文化，开展丰富多彩的文艺活动，创造一种民主、和谐、宽松、积极进取的文化氛围，使管理真正与学校文化和谐一致。只有做到以上这些，才能将教师队伍建设这一长期性的工作做好，校园也会因此显现勃勃生机，成为教师和学生的幸福乐园。

思考四：怎样培养山区的学生？

我们东石镇是劳务输出大镇，全镇3.4万人，常年在外务工农民1.5万人，年龄在5～15岁的留守儿童达1152人。这也造成了我们学校的“留守学生”是一个比较庞大的群体，这个群体的孩子通常会出现以下几个方面的突出问题：①学习成绩不佳，在校表现不优。学习没有兴趣，拖欠或不交家庭作业现象严重。不遵守校纪校规，自由散漫，迟到、早退、旷课现象经常发生。②亲情严重缺失，心理发展异常。有这样两种典型“症状”：一是性格内向、孤僻、自卑、不合群、不善于与人交流；二是脆弱、脾气暴躁、冲动易怒。③父爱母爱失常，孩子志向模糊。没有任何勤俭节约与艰苦奋斗的概念，没有人情味，没有正确的价值取向与人生观。

针对这一特殊的群体，我认为农村学校应给予“留守学生”更多的关注：安全上，要时刻提醒；生活上，尽可能提供帮助；心理上，要细心观察，多方沟通；学习上，要多给予指导；交往上，要多鼓励他们融入大班级集体中，减少其心灵的孤独和寂寞，使其保持活泼开朗的学习和生活心态。

此外，还应加强以下几个方面的管理。

（1）建立“留守学生”专项档案。档案资料应全面反映“留守学生”的各方面情况，包括姓名、年龄、道德品质、行为习惯、兴趣爱好、智力水平、性格特征、学习动机和态度、学习能力和方法，与代管人的融洽程度，与在外父母的沟通情况等；监护人的基本情况，包括姓名、年龄、文化程度、性格特征，重点是监护人如何对孩子进行管教等；“留守学生”父母的基本情况，包括姓名、年龄、文化程度、工作单位及工种、经济收入情况、对子女的要求、与子女联系沟通情况等。

（2）充分发挥班、队组织作用。经常组织一些丰富多彩的课内、课外活动，开展形式多样的主题班队会，激发“留守学生”的兴趣，增强其自信心。让学生在集体活动中培养合作精神和自信心，使其感受到集体的温暖。

（3）经常家访，利用五一、十一、春节等学生家长返乡的机会约父母面谈，通过电话、书信、网络等与家长取得联系。

（4）落实帮助“留守学生”的责任机制。学校教师实行“代理家长”制度，规定定期谈心、帮助的内容。同时学校要建立关注“留守学生”生活的后勤保障机制，使“留守学生”在学校不仅有丰富的学习生活保障，而且能养成节俭、卫生的生活习惯等；在班集体为“留守学生”集体过生日，唱生日歌、送小礼物、送祝福等。在学校形成全方位帮扶“留守学生”的制度机制，以促进他们健康、幸福成长。

总之，“努力办好人民满意的学校”是我作为一名农村小学校长的心声和追求目标。深知“路漫漫其修远兮”，但“吾将上下而求索”，直到“直挂云帆济沧海”。

（注：本文系作者韩垂栋于2016年于平远县东石中心小学任学校党支部书记、校长时所写）

农村小学的教学管理思路

当前，农村学校各方面的条件都比较差，在搞好教学管理的思考和实践中，我悉心体会到了“以人为本”“德法兼治”管理的深刻内涵，实践科学与人文融合的现代管理理论，扎实抓好“常规管理”，大力推进“发展管理”，从“三抓”入手，建立适合农村学校实际的“一系统，二机制，三流程”管理模式。

一、抓机构健全，建立直线式管理系统

山区农村小学规模都偏小，有不少不足120人的小学，教师不足10人。这么小的学校，搬用大型学校的“塔式层级”管理结构，层次多，效率低，显然是不合适的。平远县茅坪小学采用适合农村小学规模的直线式结构。管理结构直线式就是把德育、语文、数学等教学管理工作分别由几个管理干部分工包干。大胆授权，把常规工作交由职能部门负责，保证其有处理问题的相对独立性，直接向校长负责。每个管理干部的职责归纳成五句话：教好一个班科，管好一条线，包好一个级段，值好一天日，锁好一月门。千斤担子众人挑，让每件事都落实到最合适的人头上，满足其对信任与尊重的需要，调动中层干部的积极性、创造性，也使校长从事必躬亲的烦琐的常规工作中跳出来，有更多时间谋划学校的发展战略。同时也改进了管理方式，提高了管理效率。一般的小学，会议特多，每周至少两次会议，每次近一小时，教师们对此意见很大。因此，学校进行了改革：常规性的工作一次决定，形成文字，建立制度部门负责，制度健全，按章治校；办公性的会议借助“校讯通”平台，少开甚至不开。日常工作有“学校工作行事历”，每周工作可设“学校工作周报”，管理干部到包级办公室（这里的包级办公室指管辖的办公室）就及时解决了各种问题。会议就是学习，是教育思想的交流，让大部

分教师的专业水准有质的提升。经过多年的实践，采用这一方式，受到教师们的热烈欢迎和积极配合，各项工作落实得井井有条。

二、抓考评奖惩，形成约束机制和激励机制

教学管理是学校的中心工作，同时又是系统工程，在学校和班级管理、思想工作、教学常规、考试评价各方面都要齐抓共管。要达到预期效果，必须从抓考评奖惩入手，在教师和学生中都要形成约束机制和激励机制。

目前，对教师的考评往往只注重终结性评价，仅仅以考试分数论英雄，约束机制又不完善，执行不认真。一些单位和个人不择手段地在考试中舞弊，更恶劣的是，教师还唆使、纵容学生作弊，监考人员出于各种原因也置若罔闻。舞弊者屡屡得逞，评优晋级，名利双收，导致舞弊现象犹如瘟疫，不断感染蔓延，愈演愈烈，败坏教风、学风，严重影响了教育教学质量。在教学管理中，必须把考风考纪当作头等大事来抓，不能仅停留在口头上强调，要有具体的措施和办法。全校、全镇、全县乃至全社会都来讲诚信、讲师德。你讲师德，他不讲师德，怎么办？法纪必不可少！要制定严密的考试和评卷规程，周密安排，认真执行。从思想上、技术上、惩处上严加防范，使企图舞弊者不愿、不能、不敢！公平竞争，维护考试的公平、公正。考风考纪是考试的生命，考试成绩是评价的核心指标，成绩的可信度、可比度提高了，考试奖惩才公平。“公生明，廉生威”，教学管理才能达到预期效果。

同时，还要重视对教师工作的过程性评价。能力素质等很多东西通过考试是考不出来的。重视过程评价，可促使教师搞好日常工作。比如，我校根据岗位责任制和各项规章制度，整合成“教师一日工作规范考核表”，对学校每天有规律的工作归纳成十大项二十小项，从出勤、早读、上课、空课、两操、午息、值日、辅导、活动、静校、住校等一日流程做了规范。硬性指标都采用量化考核形式，并设立“德勤奖”，严明奖惩，纳入激励机制和约束机制。教学常规，采用“三个随时，评定等级”的办法，就使备课、上课、改作业等常规工作落到实处，避免了两种不好的现象：一是教师备课照抄照搬教案参考书，写“回忆录”应付了事。二是检查人员看一看备了没有，盖个章了事。这样，对教师工作考核形成一个系统：一日规程，每日考核；教学常规，每月一评；教学实绩，期终考评。排名、等级兼用。实现了

过程评价与终结评价的统一，激励机制与约束机制的统一，产生了强大的推动力。

有些农村学校对学校管理缺乏主动性，只按行政指令办学，满足于完成上级每学期每次的常规检查，这样的管理过程较为疏忽。学生管理方面，建立“两个机制”有利于扎扎实实抓质量。这方面的工作，我进行了多种有效的尝试。

1. 建立学习小组，合作学习

每学年结束，组织班级科任教师将本班的“优秀生”“中上生”“中等生”“中下生”“后进生”分开，与平行班组成新班级，促进教师公平竞争，便于学校管理与考核，还形成了“分班办法”等制度，避免教师之间意见的产生，便于开展合作学习。学生之间、小组之间开展操行、学习竞赛。品学兼优的小组长是“小老师”。课堂自学、讨论、巩固练习、课外作业、听写背诵、互评互改在组内进行，互相验收，帮了教师大忙，也锻炼了学生自学、自理能力。

2. 确定目标，分层励进评比先进

以前的做法，评来评去就那么几个人参与，绝大多数人被冷落在一边。弊端是没有面向全体、全员参与。分层励进的做法，就是开学初学生自报目标（排名、等级、分数），教师核定后把全班学生划分为几个暂时的发展层。在上课、作业、单元考试等各个环节，次次总结评比，达标者奖，每层前几名者奖，冲层者奖。除班级表扬外，学校每月还在全校师生大会上隆重授奖。实施多元评价，挖掘被表扬的因素，创造一个不断争取进步和成功的环境，促使每个学生都有不同程度的发展。在这个过程中，教师的思想工作、心理辅导、家校配合也是必不可少的。

3. 狠抓“三过关”，严把质量

中国女排能获“三连冠”，靠的是“刻苦+科学”的训练。中小学生学习，可以说是“原始积累时期”，非下苦功不可，甚至是残酷的。这就要狠抓“三过关”，即“课课过关”“单元过关”“人人过关”。

一开学，各班科要按学生学习小组制成“课课过关评比表”“单元过关竞赛表”“操行评分竞赛表”等上墙，便于登记对照、总结激励。课堂学习、理解巩固、课外背诵听写、例文积累、口诀定理、作业订正、试题重考，都要逐课检查验收，一一过关。不过关的，由小组长、教师利用早读、午练等课外时间辅导，再行验收过关。“单元过关”就是实行单元统测统改，人人对照自己的层次目标。科任教师分析讲评，培优辅差，鞭策鼓励，刚柔并济，谈心通气。不达标者再行补考，优者可申报高一个层次的目标。另外，每单元考试后，每周周会课，班班作总结，学习、思想人人过关。

4. 操行竞赛，重在习惯养成

为培养学生良好的学习、生活习惯，我们下功夫抓“我教育”。一是重视班主任、辅导员队伍建设；二是建立激励约束机制，班与班开展“四赛八评比”活动［四赛：纪律、卫生、双操、礼仪。八评比（与四赛相对应）：纪律包括课间纪律评比和午息纪律评比，卫生包括责任区卫生评比和教室卫生评比；双操包括中间操评比和眼保健操评比，礼仪包括穿戴礼仪评比和言行举止礼仪评比］，班内开展“操行评分竞赛”，每日一评比，每周一小计，每月一总结，及时激浊扬清；三是努力搞好教育活动“课程化”，就是把学生在校行为习惯、各项活动归纳成常规，将其编成教材，认真学习，反复训练，抓好落实，注重内化。

三、抓规章制度的完善，形成规范化、制度化、程序化的管理流程

上级有关部门制定了较完善的教学管理规章，各环节都有明确的基本要求。农村学校关键在于结合自己的实际，制定相应的实施细则。比如，我校建立了12项配套的规章制度，设立39个岗位，4个岗位定有岗位职责，事事有章可循、有法可依，严格执行，坚决兑现，体现规章制度的严肃性。此外，学校要根据形势发展，及时对规章制度做出调整。对语文、数学、英语的“作业设置批改”到“双基训练要求”重新做了明确规范，突出了“朗读训练”“背诵积累”“习作练笔”“课外阅读”“口算训练”等。

有序管理是现代管理的基本要求。按照“目标管理—计划管理—过程管理—评价管理”的程序进行。学期初抓好“开局”：重点抓好“三目标”（学习目标、班级目标、学校目标），“三计划”（任课教师计划、教研组计划、学校教学教研计划），“班级管理三表”（操行评分竞赛表、课课过关评比表、单元过关竞赛表）。然后学校抓“总”，编印校历表，使全期教育教学工作有序开展。学期中抓“检查、促进”，即抓好“三个考核”：学生一日规范考核（四赛八评比），教师一日规范考核，教师教学常规每月考

核。“三评”：评管、评教、评学。“两个活动”：教研组活动、年级办公室活动。学期末要重点抓好“复习、总结”，即抓好“一考”、“二总结”（教学、教研）、“一分析”（考试质量分析）。管理的程序化要求我们管理工作要有计划开展，条理清晰，阶段性强。

上述思路侧重刚性管理，但柔性管理也非常重要。刚性与柔性、常规与创新总是相辅相成的。具体工作中，我们应有所侧重，一种管理方式不可能解决所有问题，这是我们必须注意的。

2020年12月

韩垂栋

五育并举助力学校特色发展

平远县第一小学地处粤东地区，是一所全县百年老校，现有51个教学班、2900多名学生、140名教职工。作为县内规模最大的小学，我校始终坚持“以生为本，以师为先，质量为上”的办学宗旨，秉承“知周万物，道济天下”的校训精神，从“特色管理”的高度建设校园文化，实施“一校多品”战略，创新特色发展的新思路，力求在德、智、体、美、劳等方面全面发展。我校积极探索实施素质教育的新途径。在办学方面，突出“一”字品牌，推行“五育并行”，从学生的德、智、体、美、劳五个方面出发，注重学生个性特长和创新思维的培养，走出了一条“突出特色，全面发展”的创新教育之路。

一、以德扬善，涵养精神

德育是对学生进行思想、政治、道德、法律和心理健康的教育，是学校教育教学工作的重要组成部分，对学生的健康成长和学校教育教学工作的开展起着重要的导向、动力和保证作用。我校坚持深化德育改革创新，构建了完善的德育课程、校本课程、传统文化课程和实践育人课程的德育课程体系，有效促进了德育工作专业化、规范化、实效化发展，形成了“全员、全程、全方位”育人的德育工作格局。

“入学礼”“毕业礼”成为学校两大德育特色精品课程，隆重而有仪式感，引领学生在体验中成长，教育意义深远。多年来，学校践行“一切活动皆课程”理念，持续开展德育论坛、德育优质课观摩活动，将班会、升旗仪式、传统节日、志愿服务、心理健康教育、安全教育等纳入德育课程体系整体研发，创新思政课堂，实施激情教育，持续开展“三周五节”（即新生教育周、心理健康周、综合实践周，美育节、体育节、科技节、读书节、社团文化节）校园文化活动，开展“传承红色基因”“扣好人生第一粒扣子”

等教育活动，培育学生践行社会主义核心价值观。学校长期扎实开展各种文明创建活动，师生文明素质得到不断提升，荣获“广东省文明校园”“广东省爱心之家”“广东省优秀红领巾小社团”“广东省推进教育现代化先进单位”等称号。

学校还实施以名校长工作室为代表的德育研究和实践团队工程。梅州市首届韩垂栋名校长工作室落成平远县第一小学，工作室构筑以全县乡镇小学校长为成长共同体，立足校本，利用网络平台，带动本校及全市70多名德育工作者参与研修。2020年后，我们迅速推出网络思政课、校长的信、疫情防控心理疏导课等课程，以疫情防控为教材，凝聚爱国主义教育“硬核”力量。研发特色德育课程，异地复制带动，引领着全县的小学校长向德育的更深处漫溯，彰显出其独特的学术魅力和品牌影响力。

除此之外，学校还开设了“小记者站”，组织爱心义卖活动，给予学生实施责任行为的平台。每次校园内开展大型活动，校园小记者就会拿着相机、笔记本穿梭在同学之间，通过细致的观察，捕捉动人的画面，忠实地记录每一个精彩瞬间。学校举办以“献出一颗爱心、分担一份责任”为主题的爱心义卖活动，全体师生、学生家长踊跃参加，学生在家长的帮助下制作科技小制作、绘制书画作品、编织手工艺品参加义卖活动，并将活动善款捐出。通过爱心义卖活动，学生的责任心越来越强，越来越有担当意识。

二、以智启真，奠定基础

以质求进、提质创优是我校保持蓬勃发展的秘诀之一，以激情教育为抓手，以“创新课堂教学模式”为载体，突出“自主、合作、探究”的新课改理念，让学生成为课堂的主人，教育教学在传承中发展，在实践中优化，在创新中突破。学校依托科组工作坊，组建专业发展团队，通过同课异构、青蓝工程等措施，厚植专业精神，增强专业能力，培育了一支师德高尚、业务精湛的师资队伍。目前，我校40余名教师在市级以上优质课及教学技能大赛中获一、二等奖，送教下乡累计达60余节，这样优秀的教师团队，创造着学校日新月异的辉煌业绩，学校连续十多年教学成绩居全县第一，成为全县、全市的标杆学校。我校一直坚持“重科研、强管理、创特色”的办学思路，努力创建“科研先导型学校”。目前，省级课题5项、市级课题20项、县级课题30多项，大部分已获成果奖。课题研究有效地带动了学校各方面工作，给教师队伍带来了可喜的变化：近年来，教师论文、课件、课例在省、市、县获奖的有100多篇次，其中在CN报刊发表论文60多篇；涌现出一大批县、镇骨干教师和省、市、县知名教师，30多位教师获省、市、县表彰。

学校重视“书法进课堂”，提倡“堂堂正正做人，认认真真写字”，每班配置有写字老师指导学生练字，每周利用一节早读课、一节午读课的15分钟时间进行书法练习，使学生在书写中陶冶情操、修身养性。近几年，师生的书法作品在省、市、县获奖的达100多人次。

学校大力开展阅读活动，积极创建“书香校园”。每学期都会举行美文诵读、阅读与写作竞赛及撰写读书笔记等，读书笔记和手抄报已成为我校实施素质教育的一道亮丽的风景线。学校开发了《成语故事》《经典诵读》《精准导学》及各类校本读物，实现了同步教学资源的系列化、体系化配置。近年来，在全县“博风雅颂”作文大赛、经典诵读大赛中，我校获一等奖的达30多人次，二、三等奖的达80多人次。

三、以体强身，增强体魄

强健的体魄是让学生稳定、健康成长的前提，体育教学同样是学校工作的重点。为此，学校坚持“健康第一，全面育人”的指导思想，以“为了每一个学生的终身发展”的核心理念为引领，把提高学生身心健康素质作为学校体育的基本目标之一。

学校运动场齐全，设施设备一流，师资力量雄厚，体育事业得到蓬勃发展。激情跑操、运动会、足球（篮球）联赛等体育活动常态化开展，竞技体育在各级各类比赛中摘金夺银，屡创佳绩。学校广泛开展阳光体育，加强体操和队形队列训练，组建田径运动队，培养文体尖子。在全县田径运动会中连续多年获全县第一。学校成立了校足球队，并多次开展班际间联赛，让队员们在球场上尽情挥洒汗水，在比赛中提升班级凝聚力，在比赛中增进友谊，更在比赛中提高了队员们的技艺。

学校加强体育课程改革，结合学校办学实际，根据市教委课程方案，调整小学一至三年级“4+2”模式为“3+1+1+1”，即3节体育健身课、1节特色项目足球课、1节乡土体育课（三年级为跆拳道课）、1节体育活动课（兴趣自主走班）。除此之外，学校还将兴趣化、多样化的实践探索延伸到体育大课间活动中，让校园活动真正做到寓教于乐。创新“40分钟大课间活动”，以推广足球兴趣和基本技能为核心，以每位学生掌握两项技能为目标，打造“快乐足球40分钟”的同时，对体育运动会进行创新，拓展“15米折返跑”“仰卧起坐”等运动会竞赛项目，充分满足学生的锻炼需求。

四、以美塑心，陶冶情操

美不仅是感觉，更是品格。一个懂得欣赏、鉴赏，有着内心对美的追求的人，必然会在德行、智力、体魄和劳作上展现出正能量。

学校致力于将美育渗透在教育的全过程，以美育德，以美引智，以美健身，以美寓劳，滋润心灵，陶冶情操，美化创造。基于此，学校全面推进美育改革，坚持“人无我有，人有我优，人优我精”的品牌建设思路，成立了10多个小社团，举办客家文化进校园、书法进校园等活动，引导学生在美育实践活动中增强文化自信，增进民族文化认同。

在理论方面，开展泛美育研究，总结提炼学科之美及美育渗透的有效方式；在实践层面，突出“小学科有大作为”，以丰富多彩、喜闻乐见、养心悦目的活动与课程为载体，推进美育生活化、实践化。手工课程的生活美，高雅音乐、古筝音乐、钢琴音乐的旋律美，非遗文化、美术空间的形象美，国学社的文化美，数学兴趣社的科学美等，在学校的“五育”教育中起到了良好的推动作用。以“美”引领，学生在成长的道路上有更多的选择，培养出了越来越多的“美德小少年”“小诗人”“小音乐家”“足球小健将”……彰显出学校多年来坚持美育特色发展的成果。

温馨校园如诗如画，校训墙、学风廊、“课改”文化墙、“两化”体育墙，以少年宫为主题的多彩廊、科技廊等文化长廊，处处体现美，浓缩了“五育融合”的精彩，在潜移默化中影响学生。美，对学生来说，并不陌生；艺术，对学生而言，并不缺席。山区学校，在美的追求上实现了一个个突破。多年的县文艺会演中，我校稳居第一，精彩的节目《客家非遗放异彩》《读书郎》等代表平远县参加市里的展演。

五、以劳立行，锤炼品格

全国教育大会明确提出：“要在学生中弘扬劳动精神，教育引导学生崇尚劳动、尊重劳动，懂得劳动最光荣、劳动最崇高、劳动最伟大、劳动最美丽的道理。”我校历来重视劳动教育，出台了《劳动教育实施方案》、劳动课程进课表，创新课程内容，充分利用有限的劳动资源，创新开展生产性、服务性劳动教育。坚持全员卫生承包责任制，组织学生参与校园卫生保洁、绿化美化、志愿服务和家务劳动等，持续开展科技创新活动和研学旅行，以劳树德、以劳增智、以劳强体、以劳育美。

为了让学生不但具有客家农民优秀的品质和才干，还拥有对未来生活产生切实影响的现代农业视野，学校积极开发“客家美食进校园”综合实践活动课程，帮助学生了解和掌握一些客家美食的制作，如黄粄、糍粑等的制作流程，会辨别和使用常见的农具，掌握采摘、种植和嫁接等农业技能。该课程强调了多样性、实践性等功能，体现了“三实现、三凸显”，即实现五育融合、凸显劳动教育，实现立德树人、凸显文化育人，实现综改评价、凸显实践育人。

在“五育并行”措施的引领下，学校取得了多方面的成果。学校以“擦亮‘一’字招牌，打造一小特色”为目标，在传承和发展上下功夫，努力打造“一校多品”学校特色：德育创养成教育特色、教学突科研兴教特色、文体亮素质教育特色、阅读显书香校园特色。学校成立“景一文学社”，以大文学社的理念为引领，开展“读好书、诵经典、讲故事、练书法、写文章”活动，成立了书法、舞蹈、足球、围棋、诵读、小记者、跆拳道、讲成语故事等20多个社团，培养学生广泛的兴趣爱好，助推学校办学特色的发展。近年来，学校在管理、教学、文育等方面先后获得了“梅州市文明校园”“教学质量优胜单位”“教育管理先进单位”等30多项省、市、县荣誉。

“五育并举”，全面发展，办人民满意的教育，是我们的奋斗目标。在一小全体师生的共同努力下，我校正迈着稳健的步伐，行走在教育这条长期发展的道路上，并且愈行愈远，愈走愈强大。相信在不久的将来，学校定会谱写出更加光辉灿烂的篇章！

2019年3月

韩垂栋

经验篇

四个努力，助推教育现代化

——平远县东石中心小学推进教育现代化建设汇报材料

当下，平远县吹响全面推进教育现代化的号角，从教育思想现代化、学校管理现代化、教师队伍现代化、学生发展现代化、发展水平现代化等几个方面进行大胆尝试和实践，使我校办学水平和办学综合效益实现质的飞跃，成为乡镇农村教育的一面旗帜。

一、规范教育教学管理，努力实现学校管理现代化

教育教学管理的现代化是教育现代化的保证。我校坚持依法办学，着力规范教育教学管理，坚定不移实施素质教育，积极推进基础教育课程改革。

完善制度建设，使各项工作做到有章可循。根据《广东省中小学管理规范》的要求，学校补充和完善了各项规章制度，明确了各部门岗位职责，先后出台了教师绩效考核细则、年度考核办法、评优评先方案，拟订了“优秀教师”“青年教师成长”等培养方案，把校务公开做透做实；管理中实行教代会制度，遵守“五严”［五严：严格禁止下达高（中）考升学指标，严格控制学生在校集中教学活动时间，严格执行国家课程计划，严格规范考试和招生管理，严格制止义务教育办学中的违法行为］规定，积极推进素质教育。

二、实施“人才强教”工程，努力实现教师队伍现代化

教育现代化首先是人的现代化。在教与学的关系上，我们把教师队伍建设放在首位，在师德、素养与能力上着力，努力打造一支现代化的师资队伍。

1. 以师德师风建设为本，着力提高师资素养

我校以“三个抓”来扎实推进师德工程，全面提高教师育人的荣誉感、责任心和使命感。

（1）抓学习内化。学校成立师德建设领导小组，制定师德规范，实施师德考核，努力提高教师素质，全面塑造整体形象。学校定期组织教职工深入学习各级教育工作会议精神，通过集中学习、小组学习和自学相结合，使理论学习制度化、经常化，长期有效地激励教师提高自身思想水平。

（2）抓活动强化。在加强政治学习的同时，学校要求教师多读书，撰写学习笔记和师德论文，还开展了一系列师德教育活动，如“爱岗敬业演讲比赛”等，通过活动激发广大教职工爱岗敬业、教书育人、乐于奉献的工作热情。

（3）抓评比深化。学校一方面在评比推荐省、市、县各级优秀教育工作者、优秀班主任、教学能手时首先考察教师的敬业、爱生等各方面师德表现；另一方面把师德纳入本校的各类评比中，如在年度考核、职称评定、优秀班主任评比等考评中都作为首要条件。

2. 以校本培训为手段，促进师资水平提高

（1）抓学习，建学习型师资队伍。学校将教师培训纳入考核，培养教师的学习自觉性；通过提高经费保障，鼓励教师积极参加各级各类学习活动，提升自身素质。近几年，学校每年为教师订阅多种教育教学书籍、杂志等，为教师学习搭建平台。每周星期二、星期三和星期四下午，学校专门安排教研活动时间，让教师在研中收获、在学中提高。

（2）抓培训，建专业型师资队伍。学校积极创设培训条件，拓宽培训渠道，以“走出去，请进来”的方式，让学校领导和教师接收外部信息，感知外面的世界，认识到自己的问题和差距，增强抓好校本培训的内驱力。我们通过举办讲座、观看录像、听课观摩等形式，提高教师的专业素质；有计划地组织学校领导、教师外出参观培训、听课，开阔视野，增长见识。近年来，我校参加县级以上学习培训的教师就有60多人次，参加培训回来的教师

再对同科室教师进行二级培训或公开课教学等，实现共同提高。

（3）抓教研，建立研究型师资队伍。学校通过强化校本培训、校本教研、课堂教学大赛、评选教学能手等活动，促进教师专业化发展；加强教师现代教育技术培训，促进教师利用多媒体课件教学和信息化备课，促进教师现代教育技术手段的提高。

现在我校专任教师79人中，本科学历25人，正在提升的有35人，其中县骨干教师25人、市优秀教育工作者5人。在教研教改方面喜获多项奖项：李娟娟老师在2015年11月获广东省实验操作与创新技能一等奖；刘静娴老师获省论文评比二等奖；林清平、肖苑兰等多位老师在市级以上论文、教学设计、课件评比中获奖；课题“培养小学生良好课外阅读习惯的实践与研究”被批准为梅州市第八届教育教学科研项目，成果获三等奖。2017年6月学校又获3项梅州市第九届教育科研课题立项，分别是林清平老师主持的“借助信息技术，优化小学语文教学的探索与实践”、刘静娴老师主持的“信息技术与小学数学教学的有效整合”和肖苑兰老师主持的“互联网环境下，构建小学英语智慧课堂的研究”，此3项市级立项课题的开题，标志着东石中心小学在“以研兴校、以研促教”的办学道路上又迈出了一大步，对促进师资素质、促进教学质量提供了极好的平台。

三、践行素质教育，促进学生发展现代化

我校认真贯彻党的教育方针，大力推进素质教育，坚持德育为首，五育并举，德、智、体、美、劳协调发展，促进学生全面发展、健康成长。

1. 德育创养成教育特色

（1）坚持开展“文明班级”竞赛。进行“四赛（学习竞赛、纪律竞赛、卫生竞赛、健体竞赛）八评比（早读、两操、中午、午读、礼仪、卫生、安全、用语）”活动。每天进行校务日志评分，每周一小计，每月一小结，结合学科教学成绩、主题教育、课外活动和心理辅导等内容综合评出月份、学期“文明班级”，并给予表彰奖励。这些举措有力地促进了学生良好道德和文明习惯的形成，优良的校风蔚然形成，保证受教育者健康成长。

（2）创新德育载体，推行德育文化。以“自主育人、细节育人、活动育人、评价育人”为主线，开展以“生活自理、学习自觉、行为自制、安全自护、身体自强”为目标的自主育人；抓好以“每周关注一个细节，每月一个

好习惯，每期一个大进步”为思路的细节育人；开展以文化节、感恩节、劳动节等有鲜明教育主题的活动育人；实施“规范+特色”的“五星班级”与“合格+特长”的“校园之星”的评价育人。

通过全体师生的努力，2015年3月，学校被平远县委、县政府授予“文明学校”称号；2015年、2016年连续两年被平远县教育局评为“教育管理工作先进单位”。

2. 文体亮素质教育特色

学校高度重视学生综合素质的提高，积极为学生搭建展示文艺才能与实现自我价值的舞台，依托“乡村少年宫”，开设了琴、棋、书、画、舞、文、体、狮、拳、鼓等兴趣班，聘请校外老师，增设古筝、二胡、葫芦丝等艺术项目，同时还引进了独具客家文化特色的锣鼓、舞狮，传承非物质文化遗产。不仅如此，我校还广泛开展阳光体育活动，加强体操、校本操、足球操、绳操和队形队列训练，“三操合一”，打造“大课间活动”特色。学校文学社《新东明珠》报自创刊以来，有8份高质量的报纸与小读者见面，用“大文学社”的理念引领发展，以“文学浸润校园，社团助力发展”为宗旨，目前已形成六大社团。2017年6月9日，在我校成功举办平远县文学社交流会，得到了领导、同行的高度评价。

文体活动的开展，擦亮了我校的品牌：《中华少年》节目荣获一等奖；《梨花又开放》《军港之夜》节目分别荣获声乐类和器乐类评比二、三等奖；《客家“非遗”放异彩》获县一等奖。同时，学校在体育类竞技节目中也取得了优异成绩，在第37、38届平远县中小学田径运动会中，分别位列全县第四、第五名；学校足球队在平远县小学足球联赛中，连续两年取得全县第四名的成绩。2015年12月，在平远县小学生英语手抄报比赛中，我校林×等8名学生取得优异成绩；2016年1月，我校林绪泉老师、刘××同学等20多名师生在平远县中小学“翰墨薪传”迎新春师生书法美术作品征稿中取得好成绩；2016年3月，我校丘洁英老师的作品获广东省教师硬笔书法大赛征集作品三等奖、林志伟老师的作品获优秀奖；2016年5月，在平远县中小学教师粉笔字比赛（小学组）中，我校荣获三等奖；2017年5月，林×同学获广东省粤星杯小学硬笔书法大赛二等奖。

四、积极改善基础设施建设，推进办学条件现代化

加强硬件建设，美化育人环境。围绕教育现代化达标的硬件需求，我校完成了校园绿化、教学楼内外墙粉刷、文化氛围建设工作；每间教室都装备了先进的交互式一体机；添置了图书、计算机及各功能室的内部配置，学校总投入达100多万元。现学校各项指标均位于全县前列，优良的育人环境为师生的学习、生活提供了有力的保障。

在习近平新时代中国特色社会主义思想指引下，东石小学已绘就了新的发展蓝图。我们将弘扬“求真务实，开拓进取”的精神，同心同德、凝心聚力，在和谐中奋进、在传承中发展、在开拓中创新，努力将我校建设成教育手段现代化、师资水平专业化、教学质量优质化的现代化学校。

2017年8月

韩垂栋

如何进行学校的文化建设

一所学校的核心思想与精神是通过校长对学校文化的认识、理解和传达来实现的。校长是学校文化的灵魂人物，同时也是学校文化建设的设计者、引领者、实践者。因此，校长要充分发挥其在学校文化建设中的重要作用。

一、校长要引领学校文化的核心价值观

学校核心价值观的构建和认同是学校文化建设的核心。通常来说，价值观是指个人对周围的客观事物的总评价和总看法，是推动并指引个人采取决定和行动的原则。对学校而言，就是要明确回答：学校要培养什么样的人？学校教育的根本价值是什么？它体现了学校的追求和目标选择，是全体师生一切行为的内在灵魂。“办学理念”和“学校精神”是价值观的主要体现。价值观领导有别于行政管理，它不强调行政权力的直接实施，而是通过宣传、交流、对话等形式来影响师生的价值观念，凝聚团队共识以实现办学目标，属于一种“软领导”。

校长能否引领好学校文化的核心价值观，首先取决于校长对自己提出的价值观是否进行了理性的思考，是否经过了实践的反思。其次取决于校长的意志品质是否坚定。价值观的引领不可能一蹴而就，面对价值追求日趋多元化的社会和价值取向已成型的教师群体，转变观念绝非易事。可以说，校长对学校核心价值观引领的过程，也是考验校长毅力、恒心、耐心的过程。最后取决于校长对学校人文环境的了解。校长如果没有深入了解学校的历史文化背景，其价值引领作用就会出现不接地气的现象，结果往往事与愿违。

平远县第一小学在梳理、提炼“学校精神”这一核心价值观的过程中，就特别注意到了上述几点。2017年，我到任后发现，全校师生没有凝练形成集体认可的“学校精神”。于是，我首先带领领导班子进行调查研究，初步

梳理；其次，召开教职工代表大会进行讨论、协商，修改完善；再次，广泛征求全体教职工、学生、学生家长的意见及建议；又次，邀请专家进行现场考察、科学论证；最后，结合学校实际，因校制宜，确定了学校精神——让今天比昨天更好，即每天进步一点点。每位师生一进学校就会看到教学楼上这8个红红的大字，就会用心思考："今天的我，如何做得比昨天更好？没有最好，只有更好！"

正是由于学校精神是全校师生集体参与研究、提炼而确定的，所以，它在无形之中便具有了一种感召力和凝聚力。在这一学校精神的引领下，全校师生从点滴做起、从细节抓起，踏步前行，持之以恒，不断走向更好。短短3年时间，无论是学生的文明素养还是教师的专业化水平，都发生了翻天覆地的变化。学校先后获得"全国红旗大队""全国优秀家长学校""全国家庭教育先进单位""全国优秀中队""广东省示范家长学校""广东省依法治校示范校""广东省继续教育校本培训示范校""广东省安全文明校园""广东省体育特色学校""梅州市一级学校""梅州市美丽校园""梅州市文明单位""梅州市书香校园"等荣誉称号，学校整体办学水平不断攀升，得到了学生家长及社会各界的广泛赞誉。

二、校长要在传承学校文化中勇于创新

学校文化的传承和创新表明了学校文化的形成是动态的、发展的过程。校长要根据时代发展，不断丰富和创新学校文化内涵，使其更加具备时代精神。任何一所学校的文化中总会或多或少地带有本土和历史文化的痕迹，也存在着一些不适应社会发展新常态的规章观点。如何把传统中的精华传承下来，把不合时宜的方面修改完善，使其在创新发展中发扬光大，这是校长在学校文化建设中必须关注的。

"和谐"是中国传统文化的核心理念，它植根于中国深厚的文化土壤，在中华民族文化中有着悠久的历史渊源，因而具有鲜明的民族个性与东方特色。比如，《中庸》之"和也者，天下之达道也"，东汉末年思想家仲长统说"和谐则太平之所兴也"。和谐教育起源于古希腊雅典教育，通过体、德、智、美诸育使受教育者成为"身心既美且善"的人，以后历代进步教育家都主张"实施和谐发展的教育"。平远县第一小学也不例外，始终坚持"和融竞进，和谐发展"的办学理念，积极打造"和教育"，形成了一训（校训）、三风（校风、教风、学风）、五特色（家长学校、校园之星、足

球传统项目学校、说成语、大阅读）的格局。学校还结合社会主义价值观体系、学校文化创编了《平远县第一小学校歌》，引导全校师生广泛传唱，使之更加符合师生身心成长规律和时代精神。

三、校长要发挥学校文化的育人功效

教育晓之以理，精神动之以情，文化抚之以心。学校文化只有从墙上“走”下来，潜移默化地影响学校成员的价值取向和日常行为，才能发挥其“润物细无声”的功效。为此，校长要在学校制度建设、环境建设和丰富多彩的活动中把握好学校文化建设的实现路径。

1. 用制度保障学校文化建设

学校的管理制度是学校文化建设的前提和保障。平远县第一小学在常规管理中实施“制度+温度”的管理模式。凡是出台新的管理制度或修改原管理制度时，都要广泛听取广大师生的意见和建议；凡是涉及广大师生切身利益的制度，都须提交学校教代会进行讨论、表决，充分体现“以人为本”的管理理念。同时把精细化管理作为制度建设的重要原则一以贯之，确保各项制度在价值观的导向上与办学理念、学校精神相一致，和谐统一。良好制度文化的形成为积极向上的校风、学风的建立奠定了坚实的基础，从而使学校文化在广大师生身上慢慢浸润，不断内化于心、外化于行。

2. 用活动充实学校文化建设

文化建设在细微处，学生成长于活动中。为了传承儒家思想的精髓，为了深化办学理念的落实，平远县第一小学积极打造了“国学教育”办学特色。坚持课堂教学与实践活动相结合的原则，编制设计了一整套成语教材，实现了传统文化的整体规划，系统推进。通过一系列的活动，师生思想情感得到熏陶，精神生活得到充实，文化素养得到提升。同时，学校的办学特色也日益彰显。

3. 用环境承载学校文化建设

学校环境文化最突出的功能是育人。学校应当组织师生积极参与到校园环境特别是班级文化的设计、维护和创建中来。“班级文化建设要让所有的孩子参与，所有的孩子受益”是平远县第一小学在班级文化建设中长期坚持的原则。从班级文化主题的选择到活动的策划组织，从班号、班花的征集到班级公约和学习习惯的制定，学校尽可能地为学生提供创建班级文化的舞台，让学生以主人翁姿态自我教育、主动发展，实现“人人是班长，个个有特长”。例如，“班级公约”，我们是通过民主参与而科学制定的。因为人人参与，所以人人认可、人人遵守。由此形成了具有高度认同感和执行力的班级制度文化。学生参与班级文化建设的过程，也是多种能力提高的过程，更是学生自我教育的过程。正如苏联教育家苏霍姆林斯基所说：“只有能够激发学生进行自我教育才是真正的教育。”“自己的事情自己做好，他人的事情帮助做好，集体的事情一起做好”的团结互助的良好班风正在悄然形成。

四、校长要注重人格魅力的引领作用

“学高为师，身正为范。”校长要不断锤炼自身的人格魅力，要有高尚的道德品质和深厚的文化修养。校长个人的习惯和品行对学校文化的影响是显而易见的。有专家说，校长宽厚，则校风淳朴；校长严格，则校规完善。不仅如此，校长自身还必须是一个独立的思想者，有着崇高的教育理想和激情，能在学校发展的历程中准确地找出教育价值取向，把学校的文化价值取向贯彻到每个决策当中，全面把握学校管理的每个环节，这样才能在学校文化建设、开发中有所建树。

另外，我校还根据“关注人的潜能发挥”的人本主义管理理念，按照“全方位”“精细化”“严要求”的总体要求，以“底线+榜样”为策略，以教学相长为途径，强化管理团队的学习，健全各项规章制度，落实细节管理，促进内化自律，形成自我管理、自我激励的制度文化。以此人性化的管理来约束我们的行为，不断更新我们的教育观念，优化我们的教育行为，实现我们的和谐教育。

总之，文化是学校凝聚力和活力的源泉，是学校的灵魂。有文化自觉的学校，会清晰地意识到自己该秉承什么，用什么样的理念影响师生生活，因而能够促进教师与学生的生命在学校中得到舒展、成长，让普通人的潜力得到发挥、个性得到张扬。

2019年10月

韩垂栋

打造“五星”校园，培育“五星”学生

作为一所义务教育阶段学校，如何在教育工作的开展中深刻落实习近平总书记在全国教育大会上的重要讲话精神和新时代教育思想，其需要解决的核心问题是如何培养人才。这对于学校来说，就是以立德树人为教育的根本任务，重视教育规律，高度发扬优秀传统文化，培育民族自信，扎根于办“好学校”。平远县第一小学努力打造“五星”（师资、管理、服务、质量、学生）学校，培育“五星”（德、智、体、美、劳）学生，办适合学生发展的教育，办“学生向往、家长认可、社会满意”的学校，只有这样，才能真正培养出我国未来建设中需要的有用的人才。

一、构建“五星”管理体系，引领学校科学发展

优秀的教育管理理念就像航海时指路的灯塔，影响着学校采取的运行管理模式，关系着学校发展的命运，更重要的是影响着受教育者的一生，乃至国家、民族的长远发展。因此，学校要顺应新时代教育的要求，必须结合学校实际，从学校办学思想、制度建设、服务理念等方面积极探索符合学校发展的现代管理体系。

1. 确立办学思想，明确办学目标

优秀的教育管理理念和扎实的文化底蕴才是学校真正的灵魂，以教育管理理念来指导学校的发展，以文化底蕴来打牢学校发展的根基。坚持党对教育事业的全面领导，全面贯彻党的教育方针，我校力争让学校办学品位更高，让教师专业发展更好，让学生终身发展定位更高；以学生成绩促进教师成长，以教师成长带动学校发展，不断互相促进，最终实现良性循环。让学生综合素养更强，让教师教学水平更高，让学校教学环境更优，努力构建“五星”文化体系，以“五星”作为学校在义务教育阶段的发展目标，以培

养“五星”全面发展的学生为历史使命，最终将我校建设成在全市、县区域内具有知名度的标杆学校。

2. 构建“五星”管理体系，规范办学行为

一个学校的教学管理并不是盲目的，而应该是在教学目标的指导下，通过合理计划、集体讨论，利用各种教育资源，最终实现教学成功。我校努力探索民主、科学、规范、参与、高效的“五星”管理体系。什么是“五星”管理？它是指学校在管理活动中，运用民主的决策机制，科学合理地对学校的发展进行规划，并且保证其教学活动合法合规，同时让学生和教师在遵循国家法律和学校规章制度的前提下，积极参与学校的课外拓展活动，参与到学校的建设中去。“五星”管理使学校各项工作有法可依、有章可循，明确了学校的工作职责，增强了各部门的执行力和凝聚力，提高了工作效率。同时增强了师生的规范意识，促进了学校规范化办学。

3. 增强服务意识，促进科学发展

管理即服务，其出发点是育人，如果学校管理脱离了这个出发点，那么学校管理一切为零。因此，本着“一切为了人的发展，以人为本”的宗旨，我校实行校长负责制及校领导联动管理机制，以校长会为核心进行统一管理。学校对各部门进行合理组建，校长会分工协作，以副校长主持各部工作的形式，开展相关部门的日常工作。校长会直接服务各部门、各年级，使学校工作能够高效、高质量地服务好师生。同时，对在日常教学管理中需要做到的职责进行梳理细化，做到明岗定责，以此来激发管理人员的责任心，以压力促动力，提高服务水平，更好地服务教学工作，促进学校科学发展。

二、打造“五星”课程体系，提升学校办学品位

学校开展教学工作的主要形式是课堂教学，这也代表着学校需要高度重视课程设计。教学不仅是对学生进行知识的传授，也应该对学生的个性化进行培养，不能千篇一律，应根据其各自的特点进行有针对性的培养。学校是开放的空间，提升课程建设的品位才能真正将提升学生的综合素质落到实处。

1. 构建“五星”特色课程，促进学生个性发展

尽管课程非常重要，但最重要的是如何进行课程的开发与实施。在课程的设计和实施中，要保证课程的可实施性和可操作性，因此，学校在进行

课程设计时，要按照国家相关的教育方针、教学大纲进行设计，按要求、规定不超纲。根据学校实际，结合学生的兴趣、爱好，拓宽学校课程构建，积极探索符合教育价值追求的学校课程。我校积极从课程建设上寻求突破，以提高学生的综合能力，本着“双向选择”的原则，积极探索“科学与知识、德育与实践、体育与心理、艺术与兴趣、劳技与服务”的“五星”特色校本课程。我校力求从根本上改变学生的学习方式，开设了10多门兴趣课程，让每个学生都有自己喜爱的专业，让课程适合每个学生的个性化发展需求，定期、定时、定地开展课堂教学，由学生自主选择课程和教师，由教师自主选择课程和学生，让教师专业更优，让学生对课程、对教师更喜爱，让课堂更活跃，学习更高效。目前，学校以培养学生能力为核心的“五星”课程体系已渐趋成熟。

2. 转变课堂教学模式，促进学生科学发展

学校开展教学工作的主要形式是课堂教学，它是学生进行知识学习的主要途径。20多年来，语言学家注意到课堂内学习者成功的产出和教师所使用的语言及课堂上师生的互动有着密切的联系。教师教学艺术水平被认为是衡量教师教学能力和综合素养的重要标准之一，学习者是否积极参与课堂决定了教师教学的价值。学生由于生理条件、受教育的具体情况不同，所以在成长的特点、速度上也有显著的不同。因此，教师在进行课堂教学时，要针对不同学生的特点进行有针对性的培养，保证其能够按照适合的方向发展。我校结合课程建设，抓住学生发展特点，遵循教育规律，关注学生个体差异，探索如何能够在同一标准的课堂教学上做到因材施教，使每个学生的智慧、才能和兴趣都得到发展。在近几年的教学工作中，我校因材施教的教学模式取得了一些效果。

（1）分层次建立学科学习班级。在进行分层次之前，第一步要做的就是明确职责，建立年级主任、班主任、各学科教师通力协作的教学团队，在教学中根据掌握的学生的实际学习水平，利用科学合理的测验方法，充分有效地判断学生的学习基础、接受能力和态度。在充分判断的基础上，将学生分为A类和B类，A类学生学习基本功较好，自主学习意识强，且懂得正确的学习方法；B类学生基础知识不牢，自主学习意识差，且往往不懂得正确的学习方法。学校在进行授课安排时，根据学生分类开展分层次教学，但其不是一成不变的，而是要不断根据学生的学习变化情况，对教学进度的把握程度进行及时调整，进行人员合理的流动，以提高学生的自主学习能力，改善各类学生学习、生活的氛围，共同奋发进步。

（2）学科分层组织教学。年级主任进行教学工作的统筹安排时，要根据学生分类的不同进行教师统筹分配，既保证“面向全体”，又兼顾“培优”“补差”。让教师备课、备学生，指导学生更加精准，使每个学生在原有的基础上有一个新的进步。采取多样化的教学模式，既能够让同一批次的学生在相同的环境下进行学习，提升其学习自信，让其更加相信自己，又能够以针对性培优的方式对其进行鼓励，激发学习热情。

（3）学科分层布置作业。一般情况下，教师是通过课后作业来对学生的学习成果进行检验的，而课后作业也是学生在课下对自己的学习成果进行巩固的方式。教师应深刻认识到不同的学生对作业的接受层次不同，如有的学生需要的是多次重复性的练习以加强理解，而有的学生更需要一题多解的灵活思维，因此在布置作业时不能统一标准，使用相同的模板去布置作业，而应该根据不同学生的特点有针对性地进行布置，让全体学生都能感觉到课后作业“刚刚好”，最大限度地实现布置作业的价值。

（4）学科分层评价。在分层教学的过程中，学科评价是相当重要的，只有通过及时的学科评价，才能对教学效果进行评估，验证教学设计的可行性，从而可知是否需要进行调整。同时学科教师能够及时掌握学生的学习情况，掌握学生在学习中是否真正进步，让学生在学习中对教师进行评价，以此真正实现师生间的教学互动。教学的精髓并不在教，也不在学，而在于教与学这个互动的过程，这个过程能够激发学生无限的潜能。因此，我们运用“三率”（优秀率、合格率、低分率）和K值（K值＝本次成绩/上次成绩）等形式评价学科分层教学效果，诊断学科分层教师存在的问题，让学科分层教学更有针对性，使学科分层教学真正做到因材施教，实现教育面向学生全体，让学生得到更好的发展。

三、打造优秀教师团队，促进学校内涵发展

国家在教育发展方面明确指出，要进一步深化教育体制改革，加快教育强国、科技强国的战略推进，进而培养出全面发展的多面手和复合型人才。“教育大计，教师为本。”根据现阶段的教学标准，教学工作以学生为中心展开。教师要利用多种手段来实现教学互动，搭起师生课堂互动的重要

桥梁，这就要求教师不仅能教书，更应该会做人、能互动，知道学生需要什么，合理地诱导学生在课堂上积极表现自己。有卓越的教师，才有卓越的学生；有卓越的教师，才有卓越的学校。因此，组建高效的教师团队是真正实现教育强国、科技强国的必要条件。

1. 加强师德建设，提高教师软实力

对于教师而言，教书要先教做人。这就要求优秀的教师并非仅仅业务能力强，而是品学兼优。义务教育阶段的学生年龄较小，教师的一言一行都会对学生的发展产生巨大的影响。现在国家出台了包括《教育法》《教师法》在内的多部法律，对教师的师德提出了要求，这也要求学校要充分开展师德方面的培训工作。该项工作主要包括以下几点：一是开展师德培训，适当地组织相关培训，加强教书育人和以学生为中心的师德风气的培养与塑造；二是立标杆、树典型，对师德师风进行评比；三是通过专题研讨会的形式，让教师对自己存在的问题深入剖析，对标对表找问题、找差距，积极整改；四是广开言路，加大教师意见征求力度，及时解决面临的困难和问题；五是加强教师形象的塑造，打好教师形象牌，提高学生对教师的信任感，以此来引领学生走正确的道路；六是举行“师德师风师仪”演讲比赛，增强教师教书育人、为人师表的意识和能力；七是开展各类评优表彰活动，每学年评选出“师德标兵”“教学能手”，带动教师和学生共同成长。

2. 建立长效机制，提升教师硬实力

为顺应新时代教育的新要求，教师必须转变观念，拓宽思路，勇于探索，构建特色教育模式，才能培养出更多优秀、一流的创新型拔尖人才。为了更好地促进课堂教学有效、高效，让每个学生了解知识、理解知识，从而掌握并运用知识，学校采取了激励教师成长的相关措施，以此来推动教育事业的发展。一是实行教师成长共同体制度，各学科备课组选出一名优秀教师作为备课组导师，充分发挥导师作用，保证每节课有主讲人、有内容、有目标、有重点、有难点、有方法、有手段，增强成员之间的团结合作意识；二是推行“班主任共同成长”计划，如开展德育论坛、班主任技能大赛等，以“责任、热情、智慧”为切入点，建立支持体系，构建交流平台，骨干先行，树立典型，推广经验，促进整体进步，激发班主任的团队意识、工作精神、责任感及管理能力，实现班主任与学校、学生共同成长的目标；三是加强集体备课制度，研究主体性教学策略，促进教学手段的科学化，教学过程的规范化，教学效果的最优化，努力探索符合学生实际的能提高教学质量的教学方法；四是坚持每周召开备课组会议，及时发现问题、分析问题、解决问题，同时以备课组为单位，积极推进高效课堂；五是建立校领导推门听课制度，校领导随时听课，及时与教师交流学科教学和班级教育情况，并掌握各班学生的纪律和学风，切实将高效课堂模式落到实处；六是建立学生评价机制，每学期进行学生满意度调查，并将调查结果及时反馈给教师，以促进教师自身的成长，并将教师的成绩纳入绩效考核当中；七是高度重视党员代表的模范带动作用，带动学校教师共同发力；八是开展教学技能活动，如教学技能挑战赛、高效课堂人人过关等活动，让更多的青年教师更快更好地成长起来，扩大优秀青年骨干教师群体，从而实现全校教师“人人成长，个个名师”的理想，提升学校的知名度和办学品位，为实现全员育人奠定坚实的基础。

3. 运用科研引领，促进教师专业发展

学校的发展仅仅依靠理论、政策等指导是远远不够的，还需要进行充分的实践，在实践中检验自己。将理论指导与教学实践相结合，校本教研是一个非常有利的工具。事实上，许多学校的内涵发展成果都是体现学校卓有成效的校本研究和认真落实学校教育教学研究管理制度的结果，因而加强校本研修方面的工作也是提高自身教学软实力的重要途径。校本研修就是组织教师之间的交流学习，加强教师之间的交流，让大家学习其他教师的长处，以此达到共同提高的目的。在进行校本研修工作时，要时刻注意从校园氛围、教学水平、学生培养等主题出发，充分利用国家相关法律法规作为理论指导，再根据实际困难进行实践研究，最终实现共同提高。努力构建一支善于研究、敢于实践的教师队伍，以研促教，不断加强和完善学校教育科研管理，深化教育改革，全面实施素质教育，提高学校科研水平，提升学校办学水平，实现“科研兴师”“科研兴教”“科研兴校”的目标。

四、创新学校德育理念，促进学生全面发展

德育是学校教育的重要组成部分，学校德育工作必须牢牢把握教育是“国之大计，党之大计”的战略定位，必须牢牢把握立德树人根本任务，立足基本国情，遵循教育规律，坚持改革创新，坚定理想信念，培育自身爱国

热情，提高自身思想水平，培养吃苦耐劳的精神品德。以弘扬新时代背景下社会主义核心价值观为目标，紧紧围绕立德树人根本任务、弘扬中华传统文化和培育民族精神来展开。在进行德育教育时，要体现出资源利用的合理性、充分性，不能为了德育课而德育课，而应该不断地对德育知识进行创新，做到与时事热点相联系，以此提高参与感、活动感，最终起到良好的德育效果。

1. 创新德育理念，落实立德树人根本任务

我校一直以来都践行现代民主科学管理理念，探索自主高效课堂，全面实施素质教育，遵循教育规律，尊重儿童成长规律，尊重每个学生，办最适合学生成长的教育，不断探索创新，初步掌握了学校发展的节奏。一是在新时代建现代学校时，不断地进行教育方法的探索，在学习西方先进教学经验的同时，不断地将课堂现状与西方先进教学经验和我国优秀传统文化进行深入结合，以提高教师的教学水平。二是提高教师的专业能力、专业素质、亲和力和感染力等。教师综合素质的提高一方面有利于培养符合新时代要求的“四有”人才；另一方面能让学校产生良好的互动效应，提高个人和学校的水平。

创新不是盲目的，而应该符合科学规律，符合国家相关监管要求，符合人性化的发展需求，这就决定了我们对教学进行评价时要注意其全面性。努力开展创建“五星”校园，培养“五星”学生的教育实践活动，把活动融入“三全”育人模式中，融入社会主义核心价值观中，体会理想和信念的力量，在实践中磨炼自己的思想品德，在失败中塑造自己永不服输的昂扬斗志。构建“五星”校园，培育“五星”学生，形成鲜明的学校特征，最终逐步形成学校教育特色。

（1）创设童蒙养正，落实“三全”育人。为实现办学和育人目标，我校结合学生的年龄、心理特点和成长规律，不断对学校的德育工作进行探索和创新，通过童蒙养正等方式培育“五星”学生，创设“五正”（正心、正德、正见、正行、正人）教育，并将其视为最重要的部分，在此基础上进行社会实践活动，号召全体师生参与进来，并将其贯彻到整个教学过程以及学生成长的全过程中。

为了培养学生正确的世界观和人生观，我校用爱国教育、感恩教育及诚信教育等行之有效的方式方法对学生进行教育和培养，以激发他们的爱国爱党热情，对社会、对父母的感恩情怀以及对为人处世中诚信为本理念的认同。经过师生们长期有效的实践，这种童蒙养正的方法已经成了我校的特色和特长。

（2）转变评价方式，关注学生发展。受传统教学观念和理念影响，我们的试卷只是考查学生对于知识点的理解和掌握程度，这种评价学生学习效果的方法太过于绝对化和单一化，因此应该及时转变为对学生综合素质的评价和考查。每到期末，学生最紧张的就是期末考试了。但是，经过思路转换之后，我们现在的期末考试增加了学生喜闻乐见的形式，他们会在老师精心设计的游戏中锻炼自己的各种能力，并复习和回顾之前学习的知识点，真正实现了考试的寓教于乐。总的来说，转变评价方式让学生乐在其中。

教育以人为本，全面实施素质教育，转变传统的灌输式、说教式的单一育人手段，让教育回归生活、回归儿童发展的天性。在实践过程中，我校充分发挥创新精神，在变更考试形式的基础上，对传统文化课的考查方法也进行了一定程度的变更和改良，将学生的综合素质纳入考核的核心指标之中。评价体系的设计和实施，不仅能够更加科学地反映学生的综合素质，还能够引领各学科教师通过学科特点育人，帮助家长重视学生的非智力因素发展。通过这些变更和改良，我们发现，不仅教学成果更加丰富多彩，而且学生的学习热情和学习态度也有了很大的改善。这样不仅可以在寓教于乐中提升学生的核心素养和能力，更在无声中进行了教学的改革和优化，促进了新时期教学优化改进工作的顺利开展和深入。

2. 构建大德育课程，实现全方位德育

为了尽可能全面实现对学生的德、智、体、美、劳的教育与引导，我校在设置教学目标和任务时必须形成全时段、全学科、全班级的融合与交融，使整个教育体系更加健康合理。

（1）时时育人，月月精彩。为了实现上述目标，我校在现有课程体系和师资力量的基础上，克服重重困难和问题，新开设了10余门课程体系之外的体育、文学、艺术类课程，尽最大努力使每一个有潜力的学生都发掘出自己的优势和特长，让学生“分类而教”，教师“因类而教”。经过周密协商、探索、研究，我校最终确定了“时时育人，月月精彩”活动。具体为：1月

"诚信教育，春耕行动"；2月"法制教育，传承家风"；3月"时代雷锋，环保有我"；4月"祭奠英烈，缅怀祖先"；5月"劳动最美，理想教育"；6月"金色童年，共享精彩"；7月"童心向党，使命担当"；8月"读万卷书，行万里路"；9月"小小好习惯，成就大人生"；10月"家国情怀，精彩人生"；11月"阳光体育，健康你我"；12月"绚丽舞台，真我风采"。在具体实施过程中，真正做到了全年学习无休。这些活动的开展不仅极大地丰富了学生的文化体育生活，还培养了一批骨干，发现了一批苗子，更重要的是提升了学生的综合素养。

（2）以趣促德，个性成长。以兴趣活动促进德育发展是学校德育工作的重要举措，教育要让学生体验真实，教育要让学生心怀友善，但教育更要让学生追求美好生活。培养"高格贤雅、灵动创新"的学子，是学校对育人更美好的追求。学校举办的活动有：①五大节，我校每年都推出五大学生活动节：缤纷科技节——科技促进发展，阳光体育节——运动激发活力，绚丽艺术节——艺术培养审美，朝阳读书节——书香丰富心灵，校园文化艺术节——提升综合素养；②社团活动，学校成立了绘画、声乐、舞蹈、田径、朗诵、写作、围棋、乐器等10个课外兴趣组，丰富了学生的校园文化生活，为学生的自主发展提供了平台。学校经常举办一些中小型活动，如个人才艺展示、演讲比赛、女生节、心理健康节、学生自编自导公民道德课本剧、传唱校歌和"红歌"、"六一"小小故事会、"为你读诗"朗诵会、数学趣味赛、"奔跑吧，少年！"智力冲关挑战赛、英语配音大赛等各类主题活动，并鼓励学生积极参与创编并演出儿童剧、童谣，激发学生潜力，施展学生才华，陶冶学生情操。通过组织一系列活动，我们相信不仅可以帮助学生更好地发展自己的综合素质，还可以为学校建立更加科学高效的教育体系提供帮助，从而让更多的学生更好地发展。

（3）多元齐参与，德育无闲人。为落实梅州市"三全"育人学校创建方案，经过动员学习之后，我校逐渐形成了"全员育人"的良好氛围。在这个过程中，我们充分调动了各个利益相关方的积极性和主动性，这些人包括但不限于校领导、学校师生及学生家长，这样大家可以集思广益，形成一股向前的合力，从而在氛围这个"催化剂"的帮助下产生化学反应，取得了非常好的效果。学校领导是这个活动的领头羊，他们通过形式多样的活动来开展工作，其中包括在学校开辟一条前所未有的渠道和途径来进行育人工作，与此同时，还要密切关注各个年级、各个班级出现的新情况、新问题，这样理论联系实际、学校联系家庭，可以使整个活动的效果落到实处。在这个过程中，我们还尝试性地建立了一个新的岗位——家长志愿者护学岗，这个岗位的设置不仅大大提升了家长们参与的积极性，更加强了家长和学校之间的沟通，从而建立了更加完善和公开的护学氛围与环境。这个创造性的岗位只是众多举措中稍具代表性的一个。其实在我校组织的各类活动中，家长志愿者的身影从来就没有间断过。这种岗位的设置不仅使家长对学校的教育更加放心，而且对于孩子的教育更是助益良多。除了充分调动家长的积极性外，我校还充分利用优秀学生的榜样作用开展该项工作。上至学校党委、团委下至各个年级、班级的班干部和学生会干部，我们都组建了形式多样的学生组织，他们受本组织和活动协调委员会的双重领导，对学校开展的各项工作进行监督和检查，这样不仅增加了学生的责任意识，更在无形中增强了活动的效果。

五、结语

我们学校应该结合自身的发展特点，着力构建“五星”校园，培育“五星”学生，引领学校特色发展，开创新时代基础教育发展新格局，形成德、智、体、美、劳全面发展的人才培养体系。

2020年9月

韩垂栋

课改篇

扬课改新风　筑精彩课堂

——平远县第一小学课堂教学改革方案

一、指导思想

以全面提高教育教学质量为目的，以转变课堂教学模式，引导学生主动参与课堂教学活动为导向，以课程改革的实施为契机，大力推进课堂教学创新，实现课堂教学的有效性和高效率，努力开创课堂教学改革的新局面，实现教学质量的新突破，打造一小特色新名片。

二、总体目标

整合教育教学资源，开展有效教学研究，构建学案导学课堂教学模式，以“二六二”的环节实现课堂教学的最大效益，培养学生自主学习、合作探究的学习能力和品质。

三、领导小组（如表1所示）

表1

职务	姓名（学科）	职责
组长	韩垂栋	课堂教学改革总负责
副组长	韩　惠（语文） 张学洪（数学） 冯录德（英语）	1.负责学校各学科教研流程管理工作，加强对学校课改工作的指导。 2.督导与检查各项课改工作的落实、进展情况和教研工作交流。及时听取学科主任对本学科课改工作情况的总结和汇报，及时协调学校课改各方面工作。 3.营造课改氛围，求真务实，理论联系实际，促进全校师生形成“实事求是、崇尚学术、勇于创新、不断进取”的新课改氛围
课改小组主任	陈利玲（语文） 刘映兰（数学） 刘婷婷（英语）	1.主任、副主任为课堂教学改革具体负责人、实施人。 2.为本学科开展课堂教学改革制订实施方案，提供推荐学习资料，及时传递课改信息。 3.研究和解决课堂教学改革中的实际问题，通过行为研究的方式，促进每个学生的发展和教师的专业化成长，从而将新课改推向纵深。 4.及时检查各项课改工作的落实、进展情况和课改工作交流，及时总结本学科课改工作情况。 5.加强业务学习与研究，不断提高自身的理论素养，以身作则，理论联系实际，在具体的管理工作中，不断促进广大师生形成“实事求是、崇尚学术、勇于创新、不断进取”的校本教研风气
课改小组副主任	吴樊兰（语文） 廖　宜（数学） 凌永红（英语）	
成员	林顺琼（语文） 陈山武（语文） 吴樊兰（语文） 徐越珍（语文） 杨广森（语文） 廖　宜（数学） 陈　清（数学） 姚秀蓉（数学） 黄冬仁（英语） 凌永红（英语） 刘婷婷（英语）	1.大力抓好本学科教学工作，认真钻研教学大纲、教材，探索教法和学法，认真备课，写好规范化教案，上好每一节课，教好每一名学生。 2.征求学生意见，研究解决教学疑难问题。学习教学经验、教改经验，讨论分析学生的学习态度、学习方法、学习质量等状况，提出解决问题的措施和办法。 3.依据学科特点积极开展课改教学研究活动。根据教学实际和学生实际，有计划地开展研究与交流汇报，组织教学研究课、公开展示课，及时总结、交流，撰写论文，推广教学经验

四、实施范围

五年级全体师生及语文、数学、英语学科。

五、课堂教学改革的模式及方法

1. 模式

“二六二”教学模式的具体内涵：“二”指课前“导学”实现两个目标，即运用导学案提示自主学习，收获新知—提出问题，概括为“得”“疑”；“六”指课堂“导研”完成六个步骤，即老师点拨合作探究，问题促学—合作探究—小组展示—评价质疑—达标检测—综合总结，概括为“学”“议”“展”“评”“测”“综”；“二”指课后“导思”达到两个要求，即老师引导思考，巩固拓展—绘制导图，概括为“拓”“绘”。

概括为“得”“疑”“学”“议”“展”“评”“测”“综”“拓”“绘”十字诀。

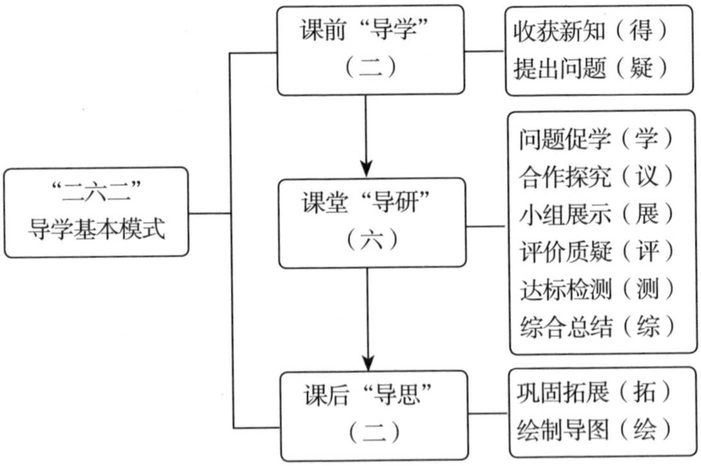

课堂教学时间分配模式：10+20+10。

（1）第一时段自主学习（推荐时间为10分钟）：“学”在自主学习的时间里以问题为驱动促进学习。教师首先要认真检查学生的学案，了解学生的预习情况，然后收集预习中的问题，同时结合教学目标、重难点进行问题驱动的学习。

（2）第二时段交流探究（推荐时间为20分钟）：“议”“展”“评”在

交流探究时段重点解决教学中的“三点”（重点、难点、易错点），使学生加深对教材的理解，从宏观的角度构建学科知识体系，从感性认识上升到理性认识，掌握规律和方法。“议”环节中，教师要组织学习小组讨论交流、探究导学案中设计的系列问题，充分发挥学习小组的作用，构建学习共同体；“展”环节中，引导学习小组展示学习成果，引导学生敢于质疑，培养学生创造性思维；“评”环节中，鼓励学生敢于发言、勇于评价，共同完成导学目标。

（3）第三时段巩固拓展（推荐时间为10分钟）：“测”“综”本时段是在自主学习和交流探究的基础上进行综合梳理，主要针对学案中的能力训练题进行当堂测练，重在培养学生解决问题的能力。教师要对学生本节课的学习进行点评和总结，做到“堂堂清”。

2. 方法

（1）教师运用以“自学”“双学”“组学”为形式的自主、合作、探究教学方法。课堂教学中充分运用自主、合作、探究的教学策略，在教师的点拨下，学生在掌握基础知识的同时，学会解题的方法和技巧，提高课堂教学效率。

（2）学生学习采用“四步学习法”。

① 学生在接到导学稿后，务必认真完成对相关教材及导学稿的学习，解决基础题部分，学有余力的同学可以做提高题，碰到生疏的难以解决的问题要做好标记（用铅笔作答），完成第一步的学习。在本环节中，学生要做到三点：自觉、主动、独立。

② 学生带着问题进入课堂，进行分组讨论交流，合作探究，分析问题，解决问题，再由教师讲评，完成第二步的学习。学生要注意做学习方法和规律的笔记（用蓝色或黑色笔作答）。

③ 当堂进行训练和测试，及时得到反馈，教师综合评析，举一反三，解决问题，完成第三步的学习。

④ 课后认真做好复习巩固，训练提升，完成导学稿的疑难练习题（用红色笔作答）和巩固所学知识，在导学稿的空白处写上“学后记”，完成第四步的学习。

六、课堂教学改革的具体方案

1. 实行“教案和学案一体化”备课

备课是课堂教学改革的重要组成部分，没有高质量的备课就没有高效率的课堂。教案和学案要一体化设计。导学案的设计要在备课组长的组织下集体研究，在“学”上狠下功夫，真正为学生的“学”服务，使学生学有目标，心中有数。

导学案的编写原则：

（1）主体性原则。设计导学案必须尊重、信任学生，引导学生直接参与并完成一系列学习内容，用足够的时间和空间，让学生自主学习和发展，以体现其主体地位，做学习的主人。

（2）探索性原则。编写导学案的主要目的是培养学生的自主探究能力。因此，导学案的编写要有利于学生进行探究性学习，从而激活学生思维，让学生在问题的显现和解决过程中体验到成功的喜悦。

（3）启发性原则。导学案中设计的问题应富有启发性，能充分调动学生思维，让学生通过自主学习，领悟知识的奥妙，培养思维的敏捷性和顿悟性。

（4）灵活性原则。由于学生的基础不同，在编写时，形式上应灵活多样，内容上应丰富多彩，尽量调动学生思维的积极性。

2. 新授课课堂教学的基本环节

（1）第一时段：自主学习（推荐时间为10分钟）。在自主学习时间，教师必须使学生明确“学什么，怎样学”。首先，教师要认真检查学生的学案，了解学生的预习情况；然后，通过学生板演（板演的人数不少于5人次，充分利用前后两个黑板的空间）、学生互评、学生讨论和教师点拨等多种形式的课堂教学活动，让学生进一步掌握课程标准和学习目标。导学案中题目的设计要注重基础知识和基本技能的训练，要充分体现“小台阶、大容量、快节奏、勤反馈”的教学策略，使学生在掌握基础知识的同时，初步学会解题的方法和技巧。

在此基础上，教师要引导学生开展合作学习。合作学习宜采用“异质分组”的方式，即将不同学习能力、学习态度、学习兴趣、性别、个性的学生分配在同一组内，组成4～8人学习小组，针对个人不能解决的问题进行共同探究。

（2）第二时段：交流探究（推荐时间为20分钟）。本时段重点解决教学中的“三点”（重点、难点、易错点），使学生加深对教材的理解，从宏观角度构建学科知识体系，从感性认识上升到理性认识，掌握规律和方法。

在交流展示环节，教师要组织学生讨论、探究导学案中设计的系列问题。充分发挥学习小组的作用，构建学习共同体。引导学生开展讨论交流，敢于质疑，培养学生创造性思维，共同完成学习内容。在交流展示后，教师要用简洁的语言进行当堂小结。

（3）第三时段：巩固拓展（推荐时间为10分钟）。本时段是在自主学习和交流展示的基础上对学生能力的拔高，主要针对学案中的“能力训练题”进行当堂训练，重在学生“实战”能力的培养。当堂训练的主要目标就是努力化知识为能力，使感性上升为理性，形成规律，提高运用知识解决实际问题的能力。因此，当堂训练要重在巩固基础知识和基本技能，向形成发现问题和解决问题的能力方面深化。当堂练习的题量要适宜，时间为10分钟以内，教师要对学生的课堂练习进行点评和总结，争取做到“堂堂清”。

以上三个时段之间是交叉关系，自学之后才能进行展示和当堂训练，自学之中也有基础训练，展示当中更离不开思维和技能训练，训练检测中也有讨论和知识的学习运用，绝不能将三者完全割裂开来。

七、课堂教学改革的保证措施

1. 组织学习培训

实施“请进来，走出去”策略，加强师资队伍建设，通过培训，开阔教师眼界，提高教师的理论水平和课改意识，提高教师组织课堂教学的能力。

2. 开展“有效教学在课堂”系列活动

（1）把“人人上一节好课”活动与“领导推门听课制度”结合起来，努力提高好课率。

（2）通过校内研讨课、公开课、优质课等，努力探讨课堂教学的有效性策略和教学模式。

（3）加大科研奖励力度，努力形成研究有效教学的科研氛围。

3. 建立健全各项管理制度

学校将加大对教学管理的常规监控，推行精细化管理。一是不断健全各项管理制度，如学案检查、作业辅导检查等制度，加大集体备课、导学案、听课和评课的检查力度；二是完善学情调查制度，每两月定期进行学情调查，了解教情、学情；三是完善教学常规监控环节，求精、求细、求实，实现全方位覆盖，从各个环节监控课堂教学。

4. 加大资金投入力度

（1）加大设施设备配置力度，班级配备现代化教学设备，配备复印机、打印机为课程改革提供强有力的保证和支撑。

（2）加大网络教研活动力度。

八、方案实施计划阶段

1. 第一阶段（2019年1月—2019年3月）：制订计划、学习动员，课改启动阶段

组织教师学习相关理论、案例，为改革实施做好准备；进行教学模式改革的初步尝试。

2. 第二阶段（2019年4月—2019年6月）：课改实验阶段

（1）借鉴外校经验，尝试构建学案导学课堂教学模式。班主任要根据学生性别、性格、兴趣爱好、学习成绩差异状况合理安排座位，划分学习小组，每个学习小组以6人为宜，学优生和学困生相互搭配，以便在课内外更方便地开展生生帮教结对活动，争取共同提高。

（2）开展教师、学生小组长等不同层次人员的系列培训活动。统一思想，提高认识，明确课改的艰巨性、复杂性和课堂教学的具体操作程序，树立全体师生的改革勇气，各班级建立学生学习档案，积极鼓励学生大胆提问、踊跃发言，使学生养成良好的学习品质。

（3）2019年6月开展全校第一阶段课堂教学模式总结活动。教师人人参与，人人开展听课、评课活动，进行课堂经验交流、反馈。

3. 第三阶段（2019年7月）：逐步成型阶段

不断改进实验，并形成总结经验材料。教师个人进行分类总结，形成书面材料，汇集研究成果编写论文，形成自己的教学特色，有鲜明的个性风格。

2019年2月
韩垂栋

“二六二”教学模式实施方案

一、指导思想

“二六二”教学模式是平远县第一小学关于课堂教学改革的整体方案，是推动教学方式转变的行动计划，它以推行“学讲方式”为导向，以改变学与教的方式、改善课堂教学生态为主旨，以落实学生的主体地位为核心，以“行政推动、全面推进、科学推广”为行动策略，推进课堂教学改革有效性的提高，实现课堂教学质量新突破，打造平远县第一小学教学特色的新名片。

二、主要目标

1. 树立四个理念，回归教育规律

一是树立天赋潜能的理念，教学要十分注重激发学生业已具备的好奇心，挖掘和发展学生的学习潜力；二是树立自主学习理念，教学过程要提供学生自主感知、领悟、实践的学习机会；三是树立机会公平的理念，给不同学习速度、思维优势的学生提供不同的学习时间和空间；四是树立教学民主理念，尊重和理解学生，发展师生教学相长关系。

2. 改变教学行为，教师人人达标

一年内，五年级全体教师达到“二六二”教学模式要求的教学标准；两年内，全校2/3教师达到“二六二”教学模式要求的教学标准；三年内，全校教师全员达到“二六二”教学模式要求的教学标准。

3. 转变教学方式，提升教学质量

经过3年的努力使我校课堂教学方式和学生学习方式发生大的转变，促进教学管理进一步完善，教学效益明显提升，教学质量实现新的突破。

三、领导小组

组长：韩垂栋

副组长：韩惠（语文）、张学洪（数学）、冯录德（英语）

1. 负责学校各学科教研流程管理工作，加强对学校课改工作的指导。

2. 督导与检查各项课改工作的落实、进展情况和教研工作交流。及时听取学科主任对本学科课改工作情况的总结和汇报，及时协调学校课改各方面工作。

3. 营造课改氛围，求真务实，理论联系实际，促进全校师生形成“实事求是、崇尚学术、勇于创新、不断进取”的新课改氛围。

课改小组主任：陈利玲（语文）、刘映兰（数学）、刘婷婷（英语）

1. 主任、副主任为课堂教学改革具体负责人、实施人。

2. 为本学科开展课堂教学改革制订实施方案，提供推荐学习资料，及时传递课改信息。

3. 研究和解决课堂教学改革中的实际问题，通过行为研究的方式，促进每个学生的发展和教师的专业化成长，从而将新课改推向纵深。

4. 及时检查各项课改工作的落实、进展情况和课改工作交流，及时总结本学科课改工作情况。

5. 加强业务学习与研究，不断提高自身的理论素养，以身作则，理论联系实际，在具体的管理工作中，不断促进广大师生形成“实事求是、崇尚学术、勇于创新、不断进取”的校本教研风气。

四、主要内容

1. 基本概念

“二六二”教学模式是以学生自主学习为主要学习方式，以合作学习为主要教学组织形式，以“学进去，讲出来”作为学生学习方式的导向和学习目标达成的基本要求的课堂教学方式。

“二六二”教学模式主要是通过教师指导下的全程自主学习，落实学生学习的主体地位，以自主学、合作学、质疑学、讲出来、教别人的学习方式，边学边讲，调动学生主动、自主学习的积极性，提高学生课堂教学的参与度、问题探讨的深度，着力培训学习方法，养成学习习惯，提高学生的自学能力，从而提高教学的有效性和质量。

2. 理论依据

（1）罗杰斯“学生中心”教育思想。美国人本主义心理学家罗杰斯主张教学应该以学生为中心，教师的任务是促进学习者学习和成长，为学习者提供适当的环境，激发学习的动机，从而使学生的创造力得到充分发挥。他认为，培养课堂心理气氛的三个最基本原则是真诚、尊重和移情性理解。据此，“二六二”教学模式充分落实学生的主体地位，以遵循学生认知和发展规律的“学进去，讲出来”作为学生的学习要求和学习方式，用尊重、理解学生的学习方式来调动学生主动学习的积极性。

（2）马斯洛的需要层次理论。美国著名心理学家马斯洛认为，需要只有被人所意识并且试图采取措施来满足时，才有可能转变为动机。学习和求知是人类的基本需要，它是推动学生学习的内部动力。据此，“二六二”教学模式强调以学生的好奇心和求知欲得到满足来维持学生学习的持久动力；以学生“学进去”的成就感和“教别人”的表现欲，满足学生认知及自我实现的需要。

（3）建构主义理论。当代建构主义理论认为，学习不是由教师把知识简单地传递给学生，而是由学生自己主动建构知识的过程，这种建构是无法由他人代替的。据此，“二六二”教学模式强调落实学生学习主体地位，以自主学习贯穿学习的整个过程，给学生提供自主建构的时间和空间。

3. 操作要点

（1）教学设计。“以学定教”，在充分掌握学情的基础上设计课堂上要讨论的问题、学习程序、环节以及生生互动、师生互动的教学活动；要设计符合学生知识基础的学习任务，提供有难度、有梯度、有情境的学习资源；要对自主学习目标、内容、程序、方法及评价提出明确的指导意见，根据学习基础，对学生分类提出不同层次的学习要求；教师要依据课程目标和学情，深加工教材，创造性地使用教材。

（2）教学环节。

（略）

4. 实施原则

（1）掌握学情原则。着力创新学情调研方式，增强教学的针对性、预见性，加强课堂师生活动的策划和设计。

（2）自主学习原则。着力促进信息技术与教学的深度融合，通过开发微课、导学案等学习资源包，借助“翻转课堂”等教学方式，为学生创设泛在学习的条件，激发学生“学进去”的积极性，促进学生自主学习，实现课内外学习的有机整合。

（3）合作学习原则。着力在课堂教学中落实个别辅导和小组合作学习。在分组方式、组内分工、研讨程序和方式、研讨成果汇报展示、组内激励和组际竞赛等问题上开展深度研究，形成富有本校特色的小组合作教学模式。

（4）学生“教”学原则。着力学习实践“教学做合一”的教育思想以及“学习金字塔”理论，课堂教学中加强对学生学习积极性的调动，鼓励和支持学生在课堂中、小组内、黑板前、白板上“讲出来”“教别人”，促进学生深度学习。

（5）当堂巩固原则。运用“遗忘曲线”和“记忆规律”，在课堂上加强记忆方法的训练，适时复习，不断强化，并通过当堂检测判断学习效果。

（6）指导学法原则。注重学习策略和学习方法的指导，根据不同学段、不同学科特点，系统地指导学生掌握科学的学习方法，注重学习习惯培养，形成学生个性化的较为稳定的行为模式和学习风格。

5. 评价要点

（1）学情调研和以学定教的情况。指对学生知识基础、学习方法、情感态度、准备情况的了解程度，以及能否根据学情提供合适的学习资源、学习任务和适当的难度、梯度、程序。

（2）学生学习情绪状态。指学生能否感兴趣地、兴奋地、主动地投入学习，是否表现出学习成就感。

（3）学生学习参与度。指小组合作学习是否有目的、有序、有成效地开展，学生是否参与到学习活动中，学生的学习问题、困难是否得到解决。

（4）教学目标达成度。指课堂教学目标达成情况如何，是否关注学习方法指导、学习习惯养成，是否关注学习情感体验和态度形成。

五、实施办法

1. 理论学习

组织多层次的理论学习和培训，使广大教师深刻领会“二六二”教学模式的意义和内涵，规范教学行为，使教与学的方式发生大的转变。

2. 教研引领

各科组组长要深入研究“二六二”教学模式，在理论、方法、路径、评价等方面，为学校老师提供智力支持。学校要加强校本教研，形成教改合力，推动“二六二”教学模式的实施。

3. 赛课推动

从研究学情、提高教学设计水平着手，着力规范教师课堂教学行为。以常规性的听课、评课、教学检查，促进教师课堂教学行为转变。以“赛课”的形式，发挥名师引领作用，促进教学方式转变。

4. 典型示范

通过实施“二六二”教学模式，使教学观念新、改革意识强、转变教学方式卓有成效的教师脱颖而出，作为示范、榜样，带动课堂教学改革。

5. 交流研讨

定期召开不同层次的研讨会，通过开展公开课、示范课等活动，反思、总结、借鉴、推广“二六二”教学模式的经验做法，推动“二六二”教学模式的有效实施。

6. 评价激励

学校将实施“二六二”教学模式的表现作为考核评价教师工作成效的重要指标，对在实施“二六二”教学模式中涌现出来的杰出教师进行表彰。

六、实施要求

1. 统一思想，大力推进

学校各科组要认识实施“二六二”教学模式的必要性、针对性、根本性、自觉性、可行性和策略性。认真制订实施“二六二”教学模式的方案，明确教改目标，细化内容，落实措施，有统筹、有计划地推进。

2. 领会精神，灵活运用

要充分认识推进“二六二”教学模式实施的重要意义，开展广泛、深入的教学思想大讨论，认真学习领会“二六二”教学模式精神实质，凝聚改革共识，增强改革自觉。

3. 务实创新，讲究实效

各科组要以务实创新的工作态度，全面科学地推进教改，取得实实在在的成效。要以校本研究为重要载体，将实施“二六二”教学模式融入集体备课、教学研讨之中，将日常教学与行动研究结合起来，增强教学研究的针对性和实效性。

4. 坚定不移，持之以恒

各科组要求真务实地将“二六二”教学模式落到实处。避免突击一阵子、做表面文章等现象。学校将“评课”“赛课”作为常态性工作，加强视导督查，争取尽快到位，尽快达标，并持之以恒。

总之，学校现制订《“二六二”教学模式实施方案》，推进“二六二”教学模式应用，改善课堂教学生态，使学生学习变得更加主动、有趣、活泼，使教学活动更有目的性、针对性、实效性，使老师的教和学生的学变得更有成效，更具有教育和生活的意义，实现教育本质的回归。

2019年6月

韩垂栋

“二六二”教学模式下学习小组建设方案

一、什么是学习小组

学习小组是高效课堂进行的基本单位，它是小组合作学习的组织基础。小组合作学习就是以合作学习小组为基本形式，系统利用教学中动态因素之间的互动，促进学生的学习，以团体的成绩为评价标准，共同达成教学目标的教学活动。

二、小组建设的重大意义

1. 它是高效课堂的两条支柱（“二六二”教学模式及其小组建设）之一

（略）

2. 利用学习小组的好处

（1）打破了原来单一的“插秧式”授课方式，更能体现“以人为本”理念。

（2）培养了学生之间的交流合作能力，小组合作学习的意义远远超出了学习本身。

（3）培养了小集体的团结（队）精神。

（4）分组合作增加了学生展示的机会，增强了学生的自信心，特别是后进生参与课堂展示的机会更多了。

（5）有利于落实兵教兵、兵练兵、兵强兵的小对子帮扶工程。

（6）有利于实行分层次教学，教学中更注重学生的个体差异。

（7）增强了学生的自我管理能力，更有利于班主任管理。

三、小组建设方案

1. 四步建组，打造学习共同体

（1）科学分组：构建自主管理组织。

（2）分组原则：组间同质，组内异质，尽量搭配均衡。以“民主+选拔”方式选举学习小组组长。

（3）组内管理要求：绝对服从小组管理。

（4）座位安排模式：转身合作。

2. 培养习惯，营造和谐文化氛围

（1）“21天效应”（在行为心理学中，人们把一个人的新习惯或理念的形成并得以巩固至少需要21天的现象，称之为“21天效应”。即是说，一个人的动作或想法，如果重复21天就会变成一个习惯性的动作或想法）。

（2）强化规范意识，知道—做到—规范—习惯。

（3）良好习惯养成“六会”：会自主学习、会合作交流、会总结反思、会思考质疑、会整理复习、会课外阅读。

3. 建章立规，构建激励评价体系

（1）评价机制。

（2）激励办法。

4. 跟踪运行，实施持续优化培训

（1）小组长的培训。登记、汇总、管理（提醒、督促、帮助、汇报等）。

（2）组员的培训。如何不扣分，如何加分；如何合作、交流，如何倾听、互助等。

四、具体操作办法

学习小组建设是关键，包括小组创建、小组活动和小组评价三个方面。

1. 划分原则

本着“组间同质、组内异质、同质结对、异质帮扶”的基本原则对全班学生进行学习小组的划分。2～4人为一组。

2. 划分依据

类似于分平行班一样，按照认知水平、智力水平、学生性别、性格特点、习惯爱好等，将全班学生划分为若干小组，每个小组就相当于全班的缩影或者截面，成为一个个“小班”。需要说明的是，这里的分层不是给学生贴上优、良、中、差的标签，而是更有利于分层教学、分层学习、分层训练、培优辅弱、整体推进。

每个小组设有正副组长、纪律委员、卫生委员，做到人人有事做，事事有人管。

3. 高效学习小组长选聘的具体操作办法

第一步“荐”：采取自荐或他荐的形式，推荐出学习组长候选人，候选人不少于小组数的2倍。

第二步“演”：候选人发表“竞职演说”。

第三步“定”：确定的办法通常有两种。①正副组长搭配式。根据学生的发言，班主任和班委会成员共议，最终确定出正副组长（按照小组数确定）。正副组长间自由搭配，但是要注意性别搭配。确定正组长的标准为：学习必须在中上水平，有一定的组织管理能力。正组长的主要职责侧重于学习管理，副组长的职责主要侧重于行为、卫生、生活等常规管理。即正组长是学习组长，副组长是行政组长。②正组长与学科组长搭配式（学科组长，即每门学科要有一个相应的组长，可以每个人都担任一门学科的组长，也可以一人担任几门学科的组长，要求学科组长是本小组相应学科综合成绩最好的）。正组长整体负责，学科组长具体负责本学科的学习，这种方式扩大了学生的参与管理面。

第四步“分”：召集正副组长，对组员进行分配，将组员排序，按“之”字形安排，然后正副组长均分到各个小组，这一点类似于学校平行班划分的做法。

第五步“调”：学生分配后往往要做适当微调，如男女生比例、科目的平衡、学科的搭配、性格的差异、学生能力的差异等。一段时间之后，老师根据各小组实际情况进行调整，如组长是否与组员团结、组长的管理能力等，进行组长与组长之间的调换。

第六步“排”：各小组把组员召集起来进行小组内排位，组内的每个同学的具体位置由正副组长来决定。但常常为中间是弱势学生，两边是中等生和优等生，同层次的学生对坐，这样便于学生之间的对学和结对帮扶。

分组示例如表2所示。

表2

第一组	第二组	第三组	第四组	第五组	第六组
组长	组长	组长	组长	组长	组长
记分员	记分员	记分员	记分员	记分员	记分员
第1名	第2名	第3名	第4名	第5名	第6名
第12名	第11名	第10名	第9名	第8名	第7名
第13名	第14名	第15名	第16名	第17名	第18名

组队示例如表3所示。

表3

A1	A2
C1	C2
B1	B2

（注：A是学习成绩好的，B是成绩中等的，C是成绩差的。学习的时候是按A帮助B、B帮助C的顺序进行。B展示，C补充，A点评）

4. 学习小组的文化建设

小组文化包括制定小组组名、小组组训、全组目标、个人目标。

（1）由组长组织成员讨论制定有特色的组名、组训、组规、口号、组徽、组歌等，并制作成小组文化标识牌，激励每一个组员。在制定组名时应突出文化主题，依据学校文化主题和办学特色以及班级文化主题和班级特色，指导学生起一个积极向上、富有创意、新颖别致的名字，打造团队凝聚力、向心力和战斗力。

（2）根据班规制定组规，从自学、讨论、展示、作业的完成与收交、自主学习的纪律及学习目标的达成等方面制定出基本的规范要求，确保学生都能明确每个学习环节的具体做法。

（3）由组长负责组织每周一次的形式多样的小组活动，如开组会、座谈、游戏等。以此达到组内关系和谐的目的，增强小组凝聚力，形成团结向上、勤于钻研、积极进取的组风。

5. 学习小组的综合性培训

（1）组长的培养

① 明确小组长的职责和作用，提高小组长在小组管理指导、组织、协调检查、评价等方面的能力。

② 定期召开学习组长会议，洞悉他们在思想、学习和管理中遇到的困难并及时予以解决。

③ 让小组长享有一定的权利，教师应力所能及地为小组长创设更好的学习环境，提供更好的学习条件和学习资源。

④ 对小组长的工作要适时地给予肯定、表扬或激励，小组长在小组内应得到尊重，这是激发他们尽心尽力工作的源泉。

（2）组员的培养

① 在全体学生中树立“帮助别人就是提高自己”的观念。研究表明，这是有科学道理的。

② 关注学困生的表现，在学习态度、学习基础、学习能力等方面给予针对性的培养指导。促进学困生参与课堂的学习、交流展示等。优点放大、缺点缩小对待学困生的展示，多关注过程，少关注结果的对与错。为组员营造安全的心理环境，让他们敢于发言，积极参与课堂。

③ 采取捆绑式评价，由过去关注学生个体的评价转为关注小组整体性评价。在学习和常规管理的每个环节，都以小组为单位进行评价，个人的成绩通常放在组内评价，重在强化学生的团队合作意识，督促学生在小组内开展互助，提高小组整体水平。

④ 在班级和学校范围内，大力开展集体主义教育和团队精神教育，优秀学习小组的评选可以扩展到全校范围，为班级工作营造更大的舆论空间。

6. 学习小组的高效评价

评价是课堂的关键，分为教师评价小组和组长评价组员。只有抓好评价才能督促学生高效展示，有了高效展示，学生必然做好自主讨论，因此评价是一堂课的“牛鼻子”。评价方式分为加分与扣分。对于教师来说，小组表现得好，那么老师对该小组先进行夸奖再明确告知小组增加相应的分数，小组表现得不好，则先给予批评再明确告知相应的扣分情况。（注意：一堂课小组之间的分数不可差太多）组长评价组员也大体相同。

（1）课堂评价操作类型

① 综合性评价：从评价时间上讲，可以体现“堂堂评、日日评、周周评、月月评”；从评价对象上讲，可以体现对组员的评价、对小组的评价；从评价内容上讲，可以评价课堂上的每一个环节、每一个专项。

从这些评价的主体来讲，可以是教师评价，也可以是学生自评，还可以是生生互评；这些评价最终要评出最优，可以据此评选出最佳小组长、最佳组员、最佳监督员、质疑之星、展示之星、自学之星、结对帮扶之星、合作之星等。

② 激励性评价：即加分或扣分。一堂课中教师要有针对性地对某组回答问题的积极性或正确性、小组的纪律好坏等进行评价，同时要避免虚情假意、流于形式的“满堂夸”。教师在课堂上的作用，很大程度上表现为激发学生的学习动机，点燃学生的学习热情。

（2）评价的方法

① 教师评价运用：课堂氛围与纪律维持。在课堂上提出问题后让学生回答，回答问题正确则给该小组加1分，回答错误则扣1分（在回答过程中，如果回答错误后该小组成员及时发现并改正错误则仍然加1分，如果别的小组成员指出该小组错误则该小组扣1分，指出错误的小组加1分）；老师在课堂上对扰乱课堂纪律的同学提出批评，并明确告知扣除该学生所在小组相应的分数（扣分不可过多，多了容易引起该小组组员的不满，进而影响该小组的课堂积极性，对严重违纪、多次批评的可扣小组总分的50%），如果一堂课中某个或某几个小组在课堂上表现得积极并且纪律很好，下课时老师应明确告知给这些小组加上相应的分数，反之，则扣除相应的分数。

a. 运用于背诵：就拿英语来说，分为应该背诵部分和挑战背诵部分。应该背诵部分就是教过学生的单词和课文（每背会一个单词或一句课文给该小组加1分，每背错一个单词或一句课文则扣1分，结束后加的分和扣的分综合后，给出该小组相应的分数。比如，背对三个、背错一个则加3分、扣1分，综合后得2分），挑战背诵部分就是还没讲到的单词和课文（这个给的分值是2分，并且是背对加分，背错不扣分，意在激起学生的预习兴趣）。具体做法就是：对于背诵部分，对每个组随机抽查一个同学提问5个单词。对于挑战部分，每天每个小组只能推出一个背单词和一个背课文的成员，并且不能是同一个人，而且每个人只有一次挑战机会（课文会背几句背几句，单词则抽查会背单词数量的一半，比如会背10个，那么就从这10个中抽取5个）。

b. 运用于作业的完成和收取：以小组为单位收交作业，对交齐作业的小组加上一定的分数，对没有交齐作业的小组扣去相应的分数；对于作业完成优秀的小组奖励一定的分数，对于作业完成不认真的扣去其所在小组相应的分数。

我们还可以把小组评价运用于卫生、纪律、课堂作业的检查等。

② 组长对组员评价运用：学科班长（即各科科代表）对每个小组课堂表现、展示、作业质量先行评价。对于三个层次有不同的评价方式，根据各层的目标达成率评价，每节课由学科班长总结对各小组的评价，搞好每周总结和阶段性总结，评选出周冠军、月冠军和学期冠军；本组学科组长对小组各成员的平日相应学科表现进行评价。从课堂的参与度、积极帮扶态度以及知识能力的达成率、提高率等方面来评价，挖掘团队动力，提高小组整体动力。它是组内分层的主要依据，并汇入班级对小组的评价。

2019年7月

韩垂栋

教研篇

语文科组建设

平远县第一小学现有一至六年级教学班51个，语文科任课教师51人。语文教研组在学校提出的“擦亮一字招牌，打造一小特色”的办学理念引领下，精诚合作，共生智慧，积极打造教学教研团队，成为学校各学科教研组团队的品牌。

一、抓教研培训——强师资

为了有效促进研修，提高教师素质，学校领导高度重视学科教学，重视校本教研，将“师德好，能力强，有作为”的老师推荐为学校教研组长和级组长。学校为保障语文教研组开展工作，创设了舒适的教研办公场地，加大教研经费投入，购买了教学用书、教学仪器、多媒体光盘等，并邀请专家、学者来校讲学，给我们传经送宝。同时积极组织老师外出学习，争取让每一位老师都有机会走出去学习，从而提高教师的教研能力。

二、重团队合作——促改革

1. 组长引领

教研组长陈老师是我校的骨干教师，她有良好的组织管理和沟通协调能力，勇于创新，敢于实践，得到全组教师的普遍认同。

2. 组员素质

我校语文组是一个团结奋进、善于钻研、学术氛围浓厚的集体。其中林丰兰、陈利玲、范可君三位老师有小学语文高级职称。

语文组教师素质好，教学水平高。自2004年下学期开始，共有20位教师送教下乡，全组老师大多数上县优质课获一等奖，有5位老师上市优质课获一等奖。

3. 组内氛围

每学期，我校都会邀请县教研室领导谢菊梅副主任、潘国辉老师等专家亲临我校指导教学工作。在教研组长的组织下，有秩序、有计划地开展了实践课的研讨。每次教学实践活动，大家分工合作，共同出谋划策，有的老师主动承担上网查阅资料，会电脑制作的老师主动制作课件，每个人都以主人翁的姿态投入工作，大家团结协作，一个人的课就是大家的课，一个老师上课大家共同研讨。

三、重科组活动——创特色

1. 教研常规

建立完备的学科制度并定期进行检查。

2. 活动特色

学科各项活动主题鲜明。

（1）开展一系列的读书活动。诵读《弟子规》《三字经》《千字文》《笠翁对韵》《论语》，举行一年一度的经典诵读比赛活动。大力开展“共享阅读快乐，争当阅读之星”活动，指导学生边阅读边写读书心得、读书笔记，制作手抄报、读书卡等，教研组在相应的时间里出版了专题黑板报。2017年下学期，在韩校长指导下，语文教研组出版了校本教材——一至六年级的《说成语故事》，利用早读课5分钟左右的时间让学生上台讲成语故事，每学年进行一次全校的讲成语故事大赛，其间还开展成语接龙、吟诵成语等活动。阅读课带领学生在阅览室自主选书、看书，做读书笔记。

（2）书法进校园，师生同练字。为推进书法课的开展，学校聘请刘向东老师对全体语文老师进行书法学习及教学方法培训，然后运用到书法课程教学中，大大提高了语文科组教师的书法水平，解决了书法师资问题。每周还进行教师粉笔字书写与评比。每学期举行学生硬笔书写比赛，优秀作品进行展览学习。

（3）举行作文比赛。优秀习作教师点评后在校园文化节进行展览，供学生观赏学习。为实现“文字浸润校园，社团助力发展”，学校成立学生小记者站、诗歌社团、景一文学社。

四、研教学模式——提质量

新课程标准极力倡导自主、合作、探究的教学模式，我们教研组在新课标指引下，主持课题研讨新的教学模式，创设了“低耗高效”“多认少写”教学模式。组内还有不少老师在作文教学、拼音教学、百花园教学等课例上进行研讨，有效提高了我校语文的教学质量。

五、突教研成效——显示范

我校语文教研组在县教育局教研室的指导及全校师生的共同努力下，在教研组资源建设、科研教改、学生综合素质提高等方面取得了突出成绩。

（1）2016学年和2017学年被《梅州日报》评为“十佳小记者站”。

（2）2016年12月被广东教育学会评为“全国书香童年全民阅读活动示范学校”。

（3）教学成绩名列前茅：2020学年平远县小学文化素质监测中，我校综合排名位列全县第一名。

的确，语文教研组成了各学科教研组中的示范引领。只争朝夕，不负韶华。相信在韩垂栋名校长工作室引领下，我们结伴同行，明天会更加辉煌！

2020年10月

韩垂栋

校本研修和数学科组建设

一、学校的基本情况

平远县第一小学是一所始建于1908年2月，有着110多年风雨变迁的老校，历史悠久，源远流长，有着深厚的文化底蕴。目前，平远县第一小学得到了前所未有的发展，现已拥有51个教学班，2900多名学生，140名教师。学校有一支优秀的教师队伍，学历达标率100%。

二、开展校本研修的基础和条件

学校已经形成了校长亲自抓，分管副校长负责抓，教导处、教研组具体抓的校本教研培训的管理网络。学校先后制定各项教学常规制度、听课评课制度、师徒结对制、青年教师课堂教学达标评定制、教师外出学习汇报制等，从制度上保证并激励了教师参加校本研修活动，提高活动质量。实施教研活动组长负责制、学校领导联系制，即各教研组的活动由教研组长负责，学校领导各联系一个教研组，指导并参与各个组的教研活动。学科指导组成员要深入课堂、研究教学，全面负责各学科的教学指导工作。为了提高校本教研培训的成效，学校在经费上予以大力支持，做到“四保证”：保证实验经费、保证课题研究经费、保证外出学习经费、保证校内奖励经费。学校专门出台《校内绩效奖与科研奖实施办法》，用于奖励在教学、科研方面有贡献的教师，鼓励教师向科研型、学者型教师转变。

三、校本研修网络研修平台建设情况和教师培养培训校本课程资源开发利用情况

有得天独厚的校本研修平台——梅州市韩垂栋名校长工作室，有一批青

年才俊加入工作室，有的成为主要成员，有的成为网络学员，他们都在积极汲取营养，努力成长。以网络为平台，形成融教研、科研、培训、电教为一体的研修方式。具体方式有电子集体备课、建设主题学习网站、参与校园网更新、建立教师个人博客、视频案例观摩研讨、教师QQ群、教学资源库、网络远程培训等。

四、保障机制、措施

（一）组织保障

教师培训工作由校长全面负责，教导处、教务处具体实施，在职教师全面参与。建立健全教师培训奖惩制度，鼓励和支持教师参加培训，切实保障教师的培训时间和培训效果。

（二）制度保障

建立健全教师培训制度，以教师培训五年规划为蓝本，合理安排、科学设计年度教师培训内容，完善培训登记制度，全程监督和管理教师参训情况，从人力、物力和时间上确保教师全员参加每五年一个周期的继续教育，高质量完成培训任务。

（三）经费保障

进一步加大对教师培训经费的投入，确保年度公用经费不低于5%用于教师培训。

（四）措施

1. 研修思路

学校的主题是：铸师魂，修师德，树师表。校本培训在此主题和教科研的有效指引下，既强化了培训的力度，又能够让学校各方面工作点、线、面结合，最终达成管理的立体化。在培训上，学校遵循的理念是“四化”：科学化、民主化、层级化、规范化。强化师德建设，德是教师素质的灵魂，它不仅制约着教师整体素质的提高和育人的水平，而且对于整个社会文明建设都具有重要的意义。

2. 组织机构

随着课程改革的不断深化，形势的不断发展，结合我校实际，为保证我校校本培训有序有效地进行，本着促进教师的专业发展，特制定以下组织机构。

学校校本研修工作领导小组：

组　长：韩垂栋

副组长：韩　惠（教学副校长）、刘梦华（德育副校长）、张学洪

组　员：林丰兰、张瑞莲、凌　强、陈利玲、刘映兰、刘婷婷

3. 规划实施（含教师各梯队培养方案）

我校认真贯彻落实《教育部关于深化中小学教师培训模式改革全面提升培训质量的指导意见》文件精神和省、市、县各级教育行政部门校本研修的相关文件精神及《平远县第一小学校本研修工作实施方案》要求，特拟定校本研修规划如下。

（1）指导思想。以新课程标准与科学发展观为指导，以新课程课堂教学改革和教师专业发展的实际需求为导向，以解决学校教育和教师教育教学实践中存在的突出问题为突破口，以提高教师综合素质为目标，统筹部署，全面推进，有计划、有步骤地促进教师队伍专业成长，为我校教育教学发展培养高素质的教师队伍。

（2）基本原则。

① 面向全员，整体推进：关注每位教师专业成长，统筹规划，统一部署，全面开展。

② 区域协作，资源共享：树立“大校本”理念，加强校内外合作，构建研修联盟。

③ 以校为本，突出特色：立足学校实际情况，促进学校可持续发展，解决学校自身的师资建设问题，形成适合本校的研修内容、研修方式、研修制度、运行机制和管理办法。

④ 聚焦教育教学，着力行动研修：以提高教师的教育教学能力为根本，发现问题，研究问题，解决问题，做中学，学中做，学用结合，增强课堂教学效果，提高教育教学质量。

⑤ 研训结合，注重实效：将行动研修与能力培训有机结合，以研促教，以研促训，提高校本研训针对性和实效性。

（3）目标任务。

① 每年指导考核，评选优秀，积累经验，及时推广。

② 培养校本研修指导骨干教师。

③ 建立校本研修优质课程资源库。上级支援和本校自主开发相结合，建

立学科门类齐、多种媒介兼容的具有我校特色的校本研修优质课程资源，结合我校学生实情，不断开发完善校本教材。

④ 提升研修水平，提高教师业务能力。通过“短期集中、送培到校、远程跟进、校本研修”相结合的模式，采用“专家引领、同伴互助、专题研讨、案例分析、教学反思”等方法，将校本研修纳入教师继续教育整体规划，完成规定的研修内容与学习时间，达到预期效果，把教师队伍打造成研究型的高素质教师团队。

⑤ 人人有课题，组组出成果。

⑥ 培养中青年骨干教师、教学能手。

⑦ 教育教学质量稳中求进，争取社会满意度不断提高。

（4）校本研修内容。

① 以“一德四新”（“一德”指师德，“四新”指新理念、新知识、新方法、新技能）开展继续教育。以“国培计划”教师远程培训内容及校本研修示范校“聚焦课堂，做实研修”专题研讨会实践活动为主要内容，通过培训学习与讨论交流，使参训老师真正懂得“为什么要推进高效课堂”“新课改与传统教学的本质区别”“什么是好课堂、好教师、好校长、好学校”等，深刻理解“高效课堂”的核心理念，努力提升自身专业素养。

② 结合新课程改革，构建“体验式”课堂教学模式，针对课改中出现的问题，以“课题研究”为抓手，开展课题式校本研修活动，解决课堂教学中出现的问题。利用课题研究探讨课，开展听课、说课、反思、议课等校本研修活动，活动的各个环节相互补充，针对性强。参加活动的老师既有对课堂教学的感性认识，又有对教学策略的探讨，还有对课改理念的深层感悟，在各方面都获得了提高。随时调整教学思路及活动方案，进一步优化提高课堂教学。

③ 各教研组结合本学科特点，分别制订具有学科特色的课题研修实施方案，及时报道活动动态，展示活动内容和成果。

④ 全面总结教师自身工作情况，重点检查存在的薄弱环节和突出问题，以新的教育观、新的教师观、新的学生观、新的教学观为指导，分析原因，制定改进措施，把学习、讨论、反思、改进融为一体。

⑤ 聘请专家、学者、学科带头人及骨干教师进行高效课堂专题讲座及示范课教学，进行教学研究指导，相互交流经验，充分发挥他们的示范引领

作用。

⑥ 以学校教师为单位，确定教师结对帮扶对象，着眼于互相学习、共同进步，充分发挥骨干教师带头作用，促进教师间相互交流、取长补短、共同发展。同时，在结对帮扶研修活动中突出薄弱学科骨干教师定点帮扶，发挥种子教师的作用，形成骨干教师带领下的研修团队，带动其他教师特别是薄弱学科教师的成长，并有效促进骨干教师的成长与发展。

⑦ 以教研组备课组为单位，认真进行集体备课，构建学习共同体。教师撰写的读书笔记、学习心得和教学反思日记，应通过教研组、备课组座谈、研讨等多种形式组织交流，研讨学习体会，转变教学观念，更新教学方法，提高教学质量，促进学校发展，实现校本研修目标。

（5）校本研修的主要形式。

① 上级培训与校本培训相结合。根据年度计划和教师发展需要，按要求选派教师参加上级组织的培训，开展以“专家引领、同伴互助、自我反思”为宗旨的校本培训，充分挖掘每一位教师的发展潜力，激发创造热情，提高在实践中反思的能力，促进教师专业化发展。

② 全员培训与分类培训相结合。以校本培训为基础，通过“研训一体”模式，不断完善教师知识体系；充分利用教研活动进行学科培训，帮助教师积累教学经验，促进教师专业化发展；针对不同群体的不同需求，遵循按需施教、学以致用原则进行分类培训；选派教师参加上级组织的专项培训，实现各个层面教师素质的同步提高，达到教师培训全员化的目的。

③ 自主学习与交流互动相结合。针对学校管理、课堂教学和学生发展过程中出现的问题，引导教师进行自主学习、实践和反思，并通过课题研究、课堂展示、案例分析、专题论坛等有效形式带领教师进行交流互动，从而实现教师自主学习和交流互动的有机结合，达到统一教育思想、提高教学水平的目的。

4. 制度建设

几年来，我校形成的各类校本研修规章制度有20多项：《校本研修管理制度》《教研活动制度》《听课评课制度》《年级教研组活动制度》《校本研训活动考勤制度》《校本研训档案管理制度》《校本研训激励制度》《青年教师培养制度》《“青蓝工程”师徒结对活动制度》《“青蓝工程”师徒结对实施方案》《优秀教研组评比制度》《优秀教研组评比实施细则》《绩效工资管理与考核方案》《教科研管理条例》《继续教育考试考核评估制度》《继续教育参训教师学习培训制度》《骨干教师管理制度》《参训教师学时登记审查制度》《校本教研保障制度》《平远县第一小学教学常规管理细则》等。

（1）每学期每位教师参加校本培训时间不得少于60学时，将学时数分解到每个具体的研修项目中，根据出勤率、考核成绩等实际情况评定最终成绩。

（2）加强校本研修的过程管理。由专人负责对教师参训的考勤、记录、考核、总结等进行管理，以促进学习和研修的良性互动，保证研修效果。

（3）建立校本研修档案。校本研修档案资料包括各级领导职责、各项规章制度、研修计划和实施方案、研修教材（录像、软件等）、研修记录、考核成绩、具体成果、研修总结等相关材料。

（4）建立健全校本研修教师个人档案，包括学校集体研修、学科研修情况记录、个人反思、自学笔记、教育叙事、听课记录、优秀教案、参与课题研究情况、论文获奖证书复印件等。

（5）建立健全校本研修考核制度。学校校本研修考核小组对教师进行考核。

5. 管理措施

（1）明确责任，加强领导，推进校本研修。成立以校长为组长、副校长为副组长、教科主任为成员的研修工作领导小组，以教研组、备课组为基本研修单位开展研修活动。

（2）围绕研修任务，结合各组实际，开展研修活动。

（3）围绕主题，确定课题，进行集体讨论。

（4）围绕研修任务，加强教师队伍建设，促进学校可持续发展。

（5）加强课题研究管理，提升教师教科研素质。每位教师要结合本校、本班教学实际，围绕研修组研究专题，以教学中迫切需要解决的问题作为自身的研究重点开展研究，在研究中重视与教学实际相结合，重视研究过程的记载与积累。

五、校本研修的实施情况

（一）研修目标

积极参加校本培训是每一位教师的权利和义务，是提高师资水平的必要途径，是新课改提出的必然要求，是教师适应新课程教学的迫切需要。通过一系列校本培训，努力使我校教师实现梯队化发展，有名师，有骨干，有能手，人人是行家，师师是能手。

（1）不断更新全校教师的教育观念，更新教师的知识结构和能力结构，加快教师的专业化成长。

（2）进一步发展教师的个性特长，使之具有鲜明的教育、教学个性，并创造出自己的教育教学风格。

（3）掌握现代教育技术，努力提高课堂教学效果。

（4）提高教师对新课改的研究、探索能力，提高全体教师的科研水平。

（5）建立本校的校本培训机制，使校本培训工作科学化、规范化、系列化。

校本培训的总体目标是推进教师持续的专业发展，具体到每个培训周期，就是通过“学习—岗练—考评—分层—研训—师导—定向—专修—独创—发展”几个环节，使教师达到预定的培训目标。在培训内容方面，由侧重于理论的师德修养、知识更新与拓展、教育教学原理、教育科研方法、现代教育技术的集中培训体系，过渡到更强调实践的师德修养、基本功训练、信息技术与学科教学整合能力训练、教育科研能力训练的体系，既切合实际，又力求不断创新。并以“请进来，走出去”的方式先后邀请多名专家学者到校做主题报告，选送多名教师外出学习考察，对目标的实现产生了良好的效应。

目标的实现逐渐由模糊到清晰，这是校本培训区别于其他培训的分水岭。师德修养方面由学校组织社会各界特别是学生家长投票评价的满意率和优良率反映出来；教学技能方面由学校和教育行政部门组织的课堂教学创新评价、普通话等级测试、计算机等级考核、课件制作评优及骨干教师评选等来检测目标达成度；教育科研水平以课题研究成果评鉴及论文发表的档次与数量来检测。

（二）研修方法

1. 基于课堂教学研究的校本研修

基于课堂教学研究的校本研修是以课堂教学为研究对象，以实际有效的教学为研究目的，通过观摩、分析、评价、探究等方式，切实转变教学观念，改变教学方式，提升教学水平，促进教师自身专业素养的提高。具体方式有集体磨课、课堂观察、说课、同课异构、案例研究、教学展示、集体备课、观看优质光盘课等。

2. 基于科研课题研究的校本研修

当教师比较持久地追踪某个问题时，这个问题就转化为“课题”，原来的“问题解决”就转化为“课题研究”。通过课题研究，提升教师的研究素养，促进教师专业能力的发展。学校也可就本校教师教学中急需解决的热点问题形成课题，组建课题研究共同体，有计划地组织教师进行理论学习、实践反思、交流研讨、成果总结等活动，从而解决本校的实际问题。

3. 基于专家支持的校本研修

聘请、联系教育科学研究院所、教研机构及其他研究机构的专家，或区域教育专家、名教师、特级教师，与学校建立合作伙伴关系，使本校教师获得专家的学术引领、专业引领，共同寻求教师专业发展的途径。具体方式有“青蓝工程”、名师带教、学校名师工作室、咨询诊断等。

4. 基于校际协作的校本研修

以促进区域教育均衡发展为宗旨，以区域内优质学校（或领先学科）为核心的研修方式。该方式充分利用优质学校的学科教学资源，校际联动，通过专题讲座、教学观摩研讨、校本课程研修等途径，构建合作研修共同体，通过有序、规范的系列研讨，使合作双方在培育学校研究文化、提升教师专业素养方面获得双赢。具体方式有驻点培训、支教挂钩、项目合作、系列讲座、一日开放、基地活动、特色共享等。

5. 基于教师专业发展网络平台的校本研修

以教师专业成长为目标，以网络为平台，融教研、科研、培训、电教为一体的研修方式。具体方式有电子集体备课、建设主题学习网站、参与校园网更新、视频案例观摩研讨、教师微信群、教学资源库、网络远程培训等。

6. 基于教师个人教育教学改进计划的校本研修

学校自主开展的，以教师的教育教学行为改进为目标的，以“实践—反思—改进—再实践”为特征的研修活动。具体方式有实践反思、专题学习、学历进修、论文撰写、基本功竞赛等。

7. 基于同伴互助的校本研修

针对教师群体合理分层，组建不同的研修团队，以教育教学工作中同事之间的相互帮助、共同研究为主要方式，抓住工作中的实际问题，探究解决问题的思路方法，在研究过程中取长补短，共同提高。具体方式有青年教师专业沙龙、区域成长共同体、兴趣发展平台等。

8. 基于读书的校本研修

所谓的教师读书，实际上是教师针对自己的教育问题和教育困惑而获得自我超越的热情。教师一旦获得自我超越的热情及相关的教育信念，学校的教育改革将由原来的自上而下转向自下而上，形成针对教育问题的教师读书并引起行动反思的行动研究。

基于读书的校本研修具体方式有主题读书、书文推荐、读书联盟、信息发布、经典导读、以评促读、读书论坛、诗文诵读等。

集中学习和分散学习相结合，点面结合。每学期开学初的教师会上，由教务处布置本学期培训的重点内容要求、方法。通过集体备课、教研活动、专题讲座等方式组织教师集中学习。把握好“点”与“面”的关系，将培训的主要内容合理科学地化解为若干部分，组织教师分块学习。

专家指导。在校本培训过程中，应避免闭门造车现象，主动邀请专家、教研员、优秀教师等来校指导。

充分利用现代教育信息技术，开展校本培训。教师可以通过播放课堂实录、专家讲座及上网查阅教改信息等各种现代信息技术方式参加校本培训。

开展“一帮一，一对多”师徒结对活动。通过以老带新、师徒结队的方式，提高青年教师的师德素质、业务水平和科研能力。

（三）研修途径

学校有计划、有制度保证的校本研修一般通过以下三个途径来进行。

1. 学科组研修

学科组研修的参与主体为学科教师。研修内容为备课、上课、练习、辅导、评价、教师质量监控等。支撑部门为学校教研室，由各学科组构成。

2. 年级组研修

年级组研修的参与主体为班主任及年级组全体教师。研修内容为学生思想发展的分析预测、对班集体的组织管理、协调各种教育影响及突发事件处理等。支撑部门为学校德育室，由各年级组构成。

3. 项目组研修

项目组研修的目的是提升教师校本课程开发、课题研究等能力。参与主体为承担项目任务的教师。研修内容为开发和实施课程及课题研究。支撑部门为科研室，由各项目组构成。

（四）校本研修课程建设（含教师育德能力、教学实践能力、教育科研能力研修课程）

（1）开展“一德四新”建设。

（2）学科渗透法制教育。

（3）教师做科研的过程、方法及保障的系列专题培训。

（五）研修考核等落实情况

1. 具体考核内容

（1）个人档案完善制度。40岁以下的教师随时整理、完善自己的个人档案。学校每学期检查校本研修教师个人档案完善情况。

（2）自我完善提高制度。40岁以下的教师每月整理两份教育叙事，每月至少听课8节，学校定期检查听课笔记。

（3）学习培训考勤制度。教师参加省、市、区级教研部门及学校组织的各种研修活动，不迟到，不缺勤。

（4）外出学习汇报制度。教师外出学习结束要及时向学校领导做外出学习汇报，交学习心得或学习材料，有必要的将在全体教师会上进行交流。对学校批准的外出学习的教师，学校按每次会议的具体要求及“超支不补、违章则罚”的原则，报销参加研修活动必需的费用。外出学习的教师回校当天及时上报。

（5）基本功培训制度。学校每学期将根据教师的实际需要进行相应的基本功训练，40岁以下的教师必须认真参加各项训练，学校将对教师参训情况进行量化与质性相结合的考核。

（6）教材教法达标制度。学校每学期将组织教师对自己所教学科、学年教材进行梳理。40岁以下的教师每年度参加学校的教材教法业务能力考核，不合格者重新考核，再不合格者视为考核不合格；同时，参加县里组织的教材教法业务能力考核，不及格者视为年度考核不合格。

2. 奖励与惩罚

（1）完成继续教育校本培训任务合格及以上者，在证书上给予登记认可并记入教师个人专业发展档案。

（2）学校设立校本研修奖励基金，对各项研修考核优秀的教师给予一定的奖励。

六、校本研修的成效和特色

（一）师德师风

教师队伍是学校的根本。教科研工作深入持久地开展，进一步锤炼了教师的业务素养，提升了教师的教育理念。在培训活动中，教师已把校本教研融入日常的工作生活中，在工作中享受到了成功的快乐，体验到了在研究中工作，在工作中反思、探讨的幸福愉悦；养成了善于反思、发现、思考、探究的工作品质。在课题研究中，教师体现了自身价值，感受到了生命内涵的沉淀、丰富、完善，完成了对自身认知活动的认识，进行自我建构、自我调节、自我突破，从而把校本教研工作看作自身的生命历程，在创造、学习中更加热爱生活、热爱生命、热爱工作。

（二）学历达标

学校有一支由140名优秀教师组成的师资队伍：具有本科学历的教师102人，大专学历38人，学历达标率100%。

（三）教学能力

在校本教研、培训中，学校为教师专业发展创建了良好的学术研究氛围，为教师提供必要的学习资源。教师通过学习、培训、交流、研讨、听课、评课等一系列锻炼，初步学会了自我反思、同伴协作。教师在实践中学会了反思，在相互尊重中学会了交流，在虚心中学会了吸纳，在领悟中学会了调整，在合作中学会了成长。

（四）教育科研

学校政策的导向、措施的激励，使“向教科研要质量”的思想深入人心，教科研氛围日益浓厚，形成了一支主要负责人亲自抓、分管领导靠上抓、各科教师分头抓的教科研队伍，教师综合素质全面提高。

在校本教研培训中，学校增强了校本培训功能，让老师在培训中感受新课程全新的教育理念，扎实做好教师教育观念的转变工作，提高了课程整合能力。在实践中，学校不断引导教师以课题研究为主要突破口，用多听课评课的方法不断自我充电，提升课程素养。在课堂上，积极引导学生自主、合作、探究学习，体验生活，让学生走进图书馆，走进广阔的生活……使教师真正成为引导者、促进者，学生真正成为探究者、成功者。同时，学校不断牵线搭桥，沟通家长、学生、社会与学校的联系，加强校际交流、校本教研，为教师搭建展示平台，促进教师快速成长，既加强了各校之间科研信息的交流，提高了科研成效，同时也为全区的科研工作做出自己应有的贡献。

（五）校本研修的特色、创新、示范引领、帮扶作用

1. 教研训一体化整体设计

以校本研修为基础，教研组为支撑，课堂教学、继续教育与远程研修为主要形式，构建网络研修与校本研修相结合的教师专业发展模式。

2. 坚持问题导向、教师主体、活动中心三个基本点

（1）问题导向，任务驱动。以教研组与一线教师在教育工作中的实际问题为导向设计研修内容，以问题解决为研修目标，任务驱动，使研修活动过程与解决问题、启迪智慧的过程融为一体。

（2）教师主体，学校主导。坚持教师主体的发展观，突出学校与教师的主体作用，尊重教师的主动精神、探索意识，打破既有的培训者、被培训者、资源占有者的传统角色划分，将研修问题的决定权、校本研修活动的设计权、研修过程的组织权、研修成果的评价权交给学校和教师。

（3）活动中心，行为转变。坚持活动中心的课程观，以活动和教师行为转变作为内容设计的主线，提供教师学习资源，满足教师研修的个性化需要。

3. 专业引领与同伴合作相结合

（1）专业引领，提升质量。加强国家级专家、区域教研员、名师及校本骨干教师的专业引领，提升研修活动的质量。

（2）倡导合作，建设学习共同体。以学校教研组为学习共同体中的学习小组，倡导教研组的合作研修，打造教师专业发展团队。

4. 四级保障和技术优势

（1）四级保障，强化组织管理。建立以“县（区）—学校—教研组—教师”四级管理保障为基础的长效发展机制，突出区域、学校的管理作用，确保研修活动中全体教师的有效参与。

（2）平台技术支撑，可视化管理。以先进的技术平台为支撑，为校本研修提供科学合理的评价机制。同时，通过技术手段增强相关环节的可视性，增强监管，促进校本常态化，规范校本研修。

七、数学科组教研情况

数学科组特色教研活动及成果。

（一）数学科组特色教研活动

1. 开展教研活动，提高教师教育科研水平

教研活动是教师成长的舞台，努力提高教育科研水平是老师们的目标。每学期的教研组活动，每个教师均积极参与，共同学习。为了有效开展教研活动，学期初，分析情况，制订切实可行便于落实的教研组工作计划。每次教研活动，尽量做到形式多样，研讨有效。活动形式除了公开课研讨、理论学习外，还有观看名师录像课、教学质量分析、课题研究汇报等。

每学期每个年级安排一节公开课，共6节。组织全校数学科任教师听课、评课，其他老师上年部优秀课，木年部老师听课，单周教研会时年级内评课。对大型课例，开展教研组教师磨课活动，按照“三次备课、两次打磨”的要求：执教教师认真完成了三次备课（基于个人经验、同伴互助、教学反思）的教案；针对两次打磨情况，教师整理出个人反思；两次打磨后，进行上课，课后全组教师认真参与研课打磨、观课评课等活动。在这一活动过程中，真正地把教学、教研、科研整合在一起，使教师的教学、教研、科研能力都得到了不同层次的提高，真正使校本教研活动落到了实处。比如，刘晓娟老师参加梅州市教学技能大赛，“数据的整理和表示”的说课和上课，陈雁翎老师的县优质课例“认识分数”，都经历了“三次备课、两次打磨”。

每次公开课后，教研组长主持组织评课、说课。因为都是教学一线的教师，而且相互了解，在评课中都能直言不讳地进行评价与指正，所以每次教研活动，都能引起教师广泛讨论，在讨论中碰撞出了无数教学灵感的火花。这不仅是对上课教师的一种帮助，对全体教师也是一次又一次提高教学水平的学习。应该说每次教研活动的效果都是比较好的。教研活动是一个教师互相学习、互相展示的舞台。

2. 加强集体备课，凝聚集体智慧

将数学教研组分成六个年级备课组，常规教研以年级组为主进行集体备课，年级组教研活动时间一般定于单周星期四的下午第二节课，由年级组长主持。每次活动中，每个年级统一教学进度、统一资料、统一测试，既有分工又有合作，这样不仅提高了年级的成绩，还增强了年级教师的教研氛围。

每逢备课组集体讨论时间，老师们对教材内容（某一典型课例）深入钻研，查阅资料，从重组教材入手，重点钻研研究课。就知识的编排结构一点一点地琢磨、推敲，从三维目标的整合上，精心选择教法，找准学法，安排

教学流程。集思广益，将个人才智转化为集体优势，通过教学信息的交流与互补，在课前对教材、学生、教法、学法、课程资源等进行充分的准备与整合，以及课后对上课情况的充分反思和提出改进策略，从而达到共同提高教学质量的一种教学研究活动。

教研组重视资源开发，有科学的教学资源管理制度。不但有数学组公共邮箱，人人知道密码，还有资源网站。老师们的优秀课、公开课的课件及教学设计、获奖论文等都会发送到数学组公共邮箱并上传到资源网站，便于老师们学习、交流、讨论，达到资源共享、共同提高的目的。

3. 狠抓常规教学，规范教学常规管理

（1）坚持每月进行一次教案、作业批改、学困生辅导等方面教学常规的全面检查。每学期，我们都严格遵守学校教导处的各项制度，制度中对教师的备课、上课、批改作业、辅导等都做了详细严格的要求。每月，教研组都要根据相关要求进行认真的检查、记录和反馈。对检查中发现的个别问题，教研组长及时、当面与成员进行交流、探讨，以求教学常规更规范。

（2）坚持抓好听课。我们要求每位教师每学期听课都要达到10节以上，并有详细的评课。我们每个人都有听课记录本和评课记录表，要求成员平时都能积极参加学校组织的理论、业务学习，并认真做好学习笔记。

（3）坚持写好教学反思。要求每位教师每月交一篇教学反思、每周提一个值得探讨的教学问题，要求有内容、有质量，能真正从课堂上去感悟一些东西。这么多年来，每位教师都能坚持写教学反思，通过不断总结自己的教学情况，努力提高自身业务能力。

（4）坚持单项知识的检测。积极落实新课标的“四基”（基础知识、基础技能、基本思想、基本活动经验），重视基本知识与基本技能的训练，坚持单项知识的检测。检测分为四类：口算、计算、应用题和概念。备课组交叉出题、监考、评卷、统计，教研会上进行分析总结。

4. 优化课堂教学，构建基本课堂教学模式

新课程极力倡导构建自主、合作、探究的学习方式，我们教研组在新课标指引下，开展了“小学数学创设有效教学情境的实践研究”的课题研究，通过对创设有效教学情境的课题研究，能很好地改变课堂教学单一、封闭和学生被动学习的局面，焕发数学课堂教学的生命力，激发学生学习的兴趣和欲望。创设与学生生活环境、知识背景相关的、学生感兴趣的学习情境，从而搭建知识桥梁，让学生逐渐体会数学知识的产生、形成与发展的过程，获得积极的情感体验、必要的基础知识与基本技能，积极主动地投入学习过程中。同时通过课题研究，有利于教师更新教育观念，改变教学行为方式，使教师在数学教学中创设的情境更加有效合理，从而服务于课堂教学，切实培养学生能力，促进学生和教师能够将数学与生活很好地融合到一起，能够用数学的眼光发现、解决生活中的实际问题。我们将在实践中不断地探索总结教学规律、教学模式，力求探寻最优教学模式，以期提高教学质量。

（二）教研成果

在教育教学中，全组教师尽心尽职工作，努力提高专业素养，教师积极参与组内及校内外的公开课研讨活动，在学习和实践中，每位老师的业务水平得到了一定的提高。近3年来，各位教师勤于撰写数学论文和教学设计，都把关注学生成长作为头等大事来抓，重视培养学生能力。

（1）由教研组长刘映兰主持的市级科研课题“小学数学创设有效教学情境的实践研究”荣获优秀成果一等奖。

（2）刘晓娟参加梅州市教学技能大赛荣获一等奖。

（3）卓巧灵主持的课题“小学数学课堂教学生活化的实践研究”荣获市一等奖。

（4）刘晓娟主持的课题荣获县一等奖，李秀娟主持的课题荣获县二等奖。

（5）2020年，在平远县小学数学论文、教学设计评比中，论文获一等奖的有刘映兰、卓巧灵、丘丽君老师，获二等奖的有陈雁翎、刘晓娟老师；教学设计获一等奖的有李芳老师。其中，丘丽君老师的论文荣获市一等奖，刘映兰、李芳、丘丽君老师的教学设计荣获市一等奖。

（6）2020年，卓巧灵老师的微课荣获市一等奖，陈雁翎老师的微课荣获市二等奖。

（7）2020年，刘映兰、丘丽君等12位教师的微课荣获县一等奖，丘雪平等5位老师的微课荣获县二等奖。

（8）张瑞莲老师参加2016年平远县小学数学优质课评比荣获一等奖。

2020年10月

韩垂栋

英语教研组工作总结

光阴似箭，一转眼又到了期末。回顾本学期的教学工作，忙碌中感受辛苦，辛苦中体验快乐。应该说，在每位英语教师的辛勤努力下，在学校领导的关心、指导下，教研组的老师们努力、踏实地工作着。全体英语教师为提高我校英语教学质量，为学生提供高效、优质的服务，默默地耕耘着。具体从以下几个方面来说。

一、教研组建设方面

1. 加强理论学习，不断更新教学观念

学期一开始，全组教师都能认真学习小学英语教学工作计划。教研组即时制订了科学合理的工作计划、教学进度，并在实际工作中有计划、有步骤地得到贯彻和落实。经常进行生本教育理念的学习，交流心得，更新教育教学观念，完善自身知识结构，并用以指导教学实践。本期，随堂听了肖苑兰、李小青老师的课，课后有评课，还要求2位教师写出教学反思，这对改进教学水平有很大的启示和帮助。

2. 注重群教群研，发扬团结协作精神

我校英语教研组共有15名教师，大家在工作中都能同心协力，互相帮助，通过团结与合作，以集体的力量完成了各项工作任务。各教师在自身不断充实完善的基础上认真钻研业务和进行常规教学备课，完成教研任务。各教师在教学水平方面有了长足的进步，教学质量有了很大的提高。

二、教学常规方面

受疫情影响，本学期只有短短的10周，但全体英语教师依旧认真落实常规教学的各项任务，坚持逢双周开教研会，每场教研会均有一个主题，如

“如何让学生更好地完成英语每天的读背任务”“如何培优转差”等。逢单周，本级组全体英语老师进行集体备课和理论学习活动，落实重点和难点，统一进度和内容，写好教案，同时分析反馈学生的课堂实际情况，充分发挥英语学科的特点。

本学期，我组教师围绕“教学质量”这条生命线，狠抓课堂教学，加大对学困生的辅导力度，做到定时、定量、定效、定对象，使补差工作不流于形式，真正使学困生多学一点，多掌握一点，缩小与其他学生的差距，提高整体水平。为了更好地提高英语教学质量，我组能针对学生在英语学习过程中存在的实际情况，及时进行补差补缺，做到把握教材和教学目标的统一，发现问题及时补救，最终使全体学生达到课标所规定的要求，努力做到课课通、单元清，为提高教学质量提供保障。

同时还能因势利导注重开展一些有益的课外活动。比如，在班组中开展“学习优胜小组”评比活动，从学生的上课、作业、英语能力等方面给予评分，极大地激发了学生学习英语的兴趣，提高了学习效果。

三、开展教育教学研究

本学期受疫情影响，大家进行了为期一个多月的线上教学，教研室要求我们进行课堂教学录制，为学生的线上学习提供保障。通过认真备课、录课、剪辑，英语组共有6位教师获得平远县线上教学课例奖，其中刘婷婷、凌永红、马芳、李昔梅4位老师获得一等奖，陈晓云、林秀红2位老师获得二等奖。

本学期，我们英语组全体教师还积极组织学生参与“一起小学”App的单元测评以及期末测评，在梅州市小学生英语听说能力测评活动中，共有21名学生获奖，刘婷婷老师获得“学科带头人”荣誉称号，平远县第一小学英语教研组获得优秀组织奖。这是英语组全体教师的功劳，祝贺大家为学校争得了荣誉。

四、对未来的展望

所谓“金无足赤，人无完人”，教师在工作中也不可避免存在着一些缺点。在教学中，我们还应该多争取一些学习彼此长处的机会，共同提高。我们相信：只要彼此坚定信念，工作一定会越干越好。

我们敬业，不计得失，乐于奉献；我们像团烈火，积极向上，朝气蓬勃，放光发热；路是无尽的，天是广阔的，领导的厚望是深远的，每一段成功的后面都将是一个新的开始。我们付出，我们收获，添了几分经验，也多了几分成熟。在以后的工作道路上，英语教研组将本着求真务实、锐意进取、勇于开拓的精神，在素质教育的探索和实践中再接再厉，跨步前进，力求英语教研组建设日臻完善。

2020年10月

韩垂栋

对话篇

渝研修　长见识　念初心　当努力

——赴重庆学习心得

2020年12月1—6日，6天的重庆研修，是一场紧张的思辨之行，我们收获满满，满载而归！此次培训，通过专家引领、实地考察、小组研讨等方式，零距离地感受当地同行在学校管理、提高办学质量、形成办学特色等方面的经验，有理论、有实操，受益匪浅。

杨旭红教授的讲座“校长的素养与领导力”中的“修文化、养德行、炼心性、修能力”启迪良多；肖方明校长的讲座“寻根铸魂立纲领提升学校文化力”中的“体育是最顶级的教育”让我耳目一新；王纬虹专家的讲座“新时代学校领导团队责任担当与奉献精神锤炼”中的“小组合作学习”形式，更是将“责任担当、奉献精神”直面大众；李大圣博士的讲座“党的教育方针是什么”用幽默风趣的语言、贴近生活的实例阐释了“为谁树人、树什么人、怎么树人”的问题。“和合教育，和美人生”的龙塔实验学校，“以人为本、可持续发展”的渝北区实验小学，“学做人、会读书、勤锻炼、勇拼搏”的松树桥中学等，都呈现五育并举，各具特色，成绩令人叹服。

精彩的讲座给人启迪，特色学校耐人寻味。面对百年一小如何真正“擦亮一字招牌，打造一小特色”，如何面向未来解决好“传承与发展”的问题，结合此次学习，尤有“四力”思考。

一是提升校长领导力。一个好校长，就是一个好学校。我以梅州市名校长工作室建设为契机，加强文化、德行、心性修养，提升领导能力，促进学校的发展，引领工作室成员成长。二是加强队伍建设力。加强班子建设，倾力打造一支结构合理、有责任、有担当、勇奉献、有改革创新精神的领导团队；加强教师队伍建设，落实立德树人，解决好为党育人、为国育才的根本任务，努力推进“教师主动成长计划”“星级班主任评选”等活动，培养学科带头人、名师、功勋班主任。三是发挥课程引领力。学校将优化现有校本教材《说成语故事》《经典诵读》，进一步开发适合学校、学生的校本教材，引领课程发展，促进学生素养提高。四是打造特色吸引力。学校将在“一训三风五特色”的基础上［一训指校训：全（全面发展）、勤（勤奋好学）、严（严格要求）、文（文明礼貌）、上（进取向上）；三风指校风（勤学、守纪、尊师、爱校）、教风（团结、爱生、敬业、创新）、学风（文明、好学、诚实、进取）；五特色指养成教育特色、家校共育特色、校园足球特色、传承文化特色、书香校园特色］，面向未来，在创办智慧型学校、科技型学校方面下功夫，建好、用好创客室，激发学生对科学的兴趣，培养小小科学家。

一直奔跑在教育路上的我将以培训为契机，凝心聚力，敢担当，善作为，探索改革的新路子，努力为平远教育“登高”而砥砺前行。

2020年3月
韩垂栋

深梅相约遇精彩　名师引领促成长

2018年12月，注定是个收获的日子，12月8—14日，我们梅州市黄卫红名校长工作室部分学员与来自梅州、河源、汕尾三市的广东省中小学幼儿园名教师、名校（园）长工作室成员齐聚梅州、深圳，遇见精彩，分享名师成长路径。13节精彩讲座，4次参观学习，2次大讨论，让我们长知识，开眼界，受启迪，收获满满。

精彩一：名校名师齐登台　中小幼儿大收获

1. 大家登台

柴纯青、宋东生、纪胜辉、宋文钦、廖振球、王栋昌、林伟、何泗忠等10多位名师大家分享经验，指导工作室运作。

2. 名师齐聚

广东省中小学幼儿园名教师、名校（园）长工作室成员346人齐聚一堂，上进求学。

精彩二：名师成长自画像　体育健儿竞风流

广东省首批名师工作室主持人总校长，体育专业出身的宋文钦校长用幽默风趣的语言，给我们讲述了他从自画像到成长的四个阶段。他用真心和激情告诉我们什么才是真正的教育家，“成功=机遇+努力+再坚持一下”；他曾为了心理学考试，废寝忘食地学习，做到知识点倒背如流；他在深圳站稳脚跟，离开家庭整整三年，忍受了常人不能忍受的各种挫折，最终获得成功。优秀的老师一定是跨界高手！他说一旦决定，绝不退缩。无论身份如何转变，他都觉得只有在课堂教学中，他的生命才最具意义。

宋校长人生阅历丰富，睿智善辩，语言感染力强，场上笑声连连、掌声不断，让人深有感触，对人生之路有了新的思考与规划。

精彩三：教育写作四关键　三思十改出文章

深圳滨海小学王栋昌特级教师给我们作题为“格式、反思、积累、投稿——教育写作的四个关键词”的专题讲座。王老师分享了教育写作的关键因素。他认为，学写文章要从学写反思开始，运用教学教育理论，反思教学行为。通过学习，我们认识到教育论文写作观点要新颖，能自圆其说，观点要正确，文章的操作性和实用性要强等。写教学反思的结构是教学事件加点评。在课堂教学中找准切入点，反思精彩片段、灵感顿悟、反常现象等。另外，提高写作水平的关键是反复修改。忙于一线教学的我们，在教育写作方面还有很多要规范的地方，让我们继续加油努力吧！感谢滨海小学给我们机会学习，也很感谢王栋昌老师的用心分享。

精彩四：单车哲学心态好　优秀教师站坐躺

广东省名教师工作室主持人林伟老师作“构建名师工作室的教师发展学习共同体”的专题讲座，认为一个幸福的教师应该具备真诚、善良、建康、快乐四大特征。林老师以单车坐型描述哲理，“心态决定一切”。优秀教师应该站起来是一座山，内心始终坚定而自信；坐下是一本书，有丰富的内涵，能让人一直读下去而不觉得乏味；躺下去是一条路，能帮助和指导别人。林老师建议我们把工作室建成一个温馨的家、互动的气场、自由的讲堂、起飞的平台，并做好教材研究、教法研究、课题研究三项研究。通过学习，我们更加坚定了成为一名优秀教师的信念，做一名具备高尚师德，有知识文化，敢于思辨，对社会有价值的教师。

精彩五：悬念教学创特色　西游启迪成名师

何泗忠老师的“语文悬念教学法”早有耳闻，这次能够一睹大师风采，内心倍感喜悦与兴奋。何老师以《离骚》为例，让我们亲身感受悬念教学法是那样独特、有趣。54岁的师者，可是他的激情却像20多岁的年轻人那样豪情万丈、光芒四射。

何老师用习近平总书记的一句话开头：“一个人遇到好老师是人生的幸运，一个学校拥有好老师是学校的光荣，一个民族源源不断涌现出一批又一批好老师则是民族的希望。”一所学校特别需要名教师来支撑，这是一所学校的灵魂。

一个名教师就是学校里的“白骨精”。何谓呀？“白”就是清清白白做人，师德十分高尚；“骨”就是教学上的骨干，业务非常过硬；“精”就是职场精英，工作精益求精。

何老师用调侃的语气描述了自己概括出的金庸笔下的五大名师：穆人清、风清扬、洪七公、张三丰和神雕。何老师动情地说，一个教师的成长，从无名到出名到有名到知名到著名到闻名再到留名——这个过程实属不易。一个教师要成为名教师，必须具备五个因素：①有明确的发展目标；②得益于个人努力；③实践和反思是“名师养成”的两大法宝；④要想成为名师，公开课、课题和论文通通不能少；⑤专家引领是成长为名师的重要因素。

何老师特别喜欢《西游记》，他用《西游记》中的人物来形容一个名教师成长的历程。

1. 要成为一位名师，就得像唐僧一样有坚定的理想和信念

唐僧具有不取真经誓不回头的执着精神和面对美色权位毫不动心的坚韧品质；面对各种艰难困苦、各种诱惑，毫不动摇，百折不回，将取经进行到底。我们既然选择了教师这个职业，就要像唐僧一样有理想、有信念，不管遇到多少挫折与困难，都要将教书进行到底。

用何老师的话来说：“现在，已经人到中年，生命有限，然而，教书育人的工作却是无限的，为了每个孩子的幸福，为了每个家庭的可持续发展，为了国家的繁荣富强，为了早日实现中国梦，我要将自己有限的生命投入无限的教书育人这项工作中去。我要像唐僧一样有理想、有信念，做一个优秀教师，做一个学生喜欢的教师，做一位名师，将教书进行到底。”这句话深深地触动了我，作为一名欠发达地区去观摩学习的老师来说，我内心五味杂陈：谁不想当一个名教师呀？可现实总是那么骨感。

2. 要成为一位名师，就得像孙悟空一样有超强的本领和才华

学生是一个个鲜活的生命体，他们带着自己的知识、经验、思考、灵感参与到课堂教学活动中，使课堂呈现丰富性、多变性和复杂性；同时学生心态在变化，知识经验的积累状态在变化，乃至课堂的物理空间都在变化。不断变化的课堂，时刻挑战着教师的教学智慧。这就要求教师要像孙悟空一样有本事、有才华，才能从容地与学生交流互动，才能从容应对学生的挑战，才能成为学生打心眼里佩服的名师。

一个教师，如果能够被众多教育家思想洗礼，被古今中外的优秀文化精华浇灌，走进课堂时，你的课堂就会引经据典、妙语连珠、激情满怀、魅力四射，你的课堂就会深深地吸引学生、打动学生，你就会成为学生心目中的优秀教师，成为学生喜欢的名师。

在这里，何老师给我列出了他自己一路走来读过的一些书，这些书对他成长起到举足轻重的作用，也对他本身的知识结构起到很大的作用。

何老师还给我们推荐了一些书籍。他说：一个语文老师必须读教育理论的书、读文学书、读历史、读文艺理论、读美学、读心理学、读哲学、读自然科学。以前，我一直觉得自己读的书已经很多了，文学类的书几乎每一年都在读，还写读后感。突然之间，我感觉自己就像一个文盲，因为我读的书还不够，我所读的书仅仅局限于教育类和文学类罢了。接下来，抓紧时间读读书吧！

3. 要成为一位名师，就得像沙和尚一样脚踏实地、埋头苦干

作为一线教师，我们要更努力地去研究学习，进一步提高自身教学与理论水平，将理论与实践在教学中更好地结合，不断提高自身业务能力。同时还要进一步提升个人科研能力和水平，做出更高层次、更高质量的科研成果。这个过程就必须像沙和尚那样，埋头苦干。这就是一个过程，谁也逃不过的。

4. 要成为一位名师，就得像观音一样拥有慈悲博大的胸怀

唐僧、孙悟空、猪八戒和沙和尚都有缺点，但是观音没有因其有缺点而漠视他们，而是真诚感化，因材施用——这就是一位教师应该具有的胸怀。我们应该给自己定下一条规矩：爱护和关注每一个学生。不管是听话的还是不听话的，是成绩好的还是成绩不好的，是城市的还是乡村的，是富有的还是贫穷的。这就是师者的胸怀与情怀。

5. 要成为一位名师，就得像白骨精一样善于运用体态语言

何老师用《西游记》中所有的女人勾引唐僧，只有白骨精让唐僧动了凡心为例，为我们讲解运用体态语言的重要性：它能够深深地抓住学生的心灵。他还用自己求学路上的事例加以阐述，讲得很生动，也很接地气。

6. 要成为一位名师，就得像菩提祖师一样实施启发式教学

何老师说：《西游记》是启发式教学的先驱。启发式教学一个显著的特点就是不说破，让弟子去“悟”，所以孙猴子叫孙悟空，猪八戒叫猪悟能，沙和尚叫沙悟净。他们的名字中都突出一个“悟”字。我想，从菩提祖师身上，我们应该明白，要做一个学生喜欢的优秀教师，不仅要知道自己该讲什么，更要知道自己不该讲什么；不仅要研究自己如何讲，更要研究自己如何少讲，甚至不讲。

何老师最后引出自己构建的“语文悬念教学法”，从悟空阶段到悟净阶段再到悟能阶段，并且采用道具法设置课堂悬念。比如上文言文，必须从文化、文学、文言和文章四个角度来解读，这样才能调动学生的学习积极性和主动性。

何老师说，最好的方法就是让学生能够达到“思趣活来”，这就是最高的水平了。何老师用屈原的《离骚》来印证这种方法的运用。

7. 要成为一位名师，就得像猪八戒一样充满快乐阳光的心态

教师也是人，我们要有人的生活，何不学学猪八戒？我们也要享受教学，享受生活，做个快乐阳光的教师。用何泗忠老师的话来表达，就是“生命不息，激情不止”。

一堂充满激情的课，一直讲了三个钟头，到了下午1点多，授课者依然激情飞扬，听课者仍然意犹未尽，这就是名师的风采。

2018年12月

韩垂栋

学习·践行

——鲁浙学习之行

早就听说山东、江浙一带的教育很成功，全国很多地方都在学习他们的经验，他们的课堂是什么样子？如何以生为本？他们的教育思想是什么？“县管校聘”如何实施？如何进行动态管理？带着满心期待与激动的心情，2018年5月16—22日，在肖洪海局长的带领下，我们全县中小学校长及教育局负责人共60余人先后来到杭州、潍坊进行了为期七天的考察学习。

一、学习与感悟

其间，我们到了杭州市求是教育集团、杭州市三墩小学、潍州麓台学校、潍坊三中4所学校参观学习，聆听了4位名校长的经验介绍，并面对面和他们进行了交流。这是一次颠覆思想之旅，是一场校园文化建设、管理的饕餮盛宴。尽管时间短暂，但整个考察过程给我留下了深刻的印象，他们优越的办学条件、先进的教育设施、凸显的文化氛围、全面而富有特色的办学理念、精简高效的领导团队等都值得我们去推敲、学习、借鉴。

1. 注重学校文化建设

4所学校充分发挥校园硬件的育人作用，通过各种建筑物将学校的办学理念、学校的特色活动等展现在全体师生面前，让大家在潜移默化中得到熏陶和教育，明确学校倡导什么，是我们参观这几所学校的共同特点。学校在对教师、学生、家长的精神文明的引领和熏陶方面也做出了很有价值的探索。努力建设学习型、和谐型的团队，通过教师团队的建设来影响学生学习团队的形成；加强对教师个人素养的培养，通过多种形式提升教师的专业素质。比如，潍坊三中始建于1947年9月，至今已有70多年的办学历史，积淀了潍坊三中深厚的校园文化，造就了潍坊三中扎实的教风、务实的学风和淳朴的校风。始终坚持“以人为本”的办学理念，坚持“强师立校”“质量立校”的原则，以师德建设为契机，以发展学生个性为己任，以培育优秀学生群体为特色，高举改革创新的大旗，积极探索基础教育的育人模式，走出了一条全面实施素质教育的新途径。

2. 注重学校管理建设

科学管理是确保学校教育质量的重要保障，是促进学校教育质量不断提升的助推器。潍城区作为稳步推进“县管校聘”试点，在实施过程的三个阶段中取得了良好的效果，从中也得到了实践经验，就“县管校聘”实施过程中如何进行动态管理，科学设置岗位，全员竞聘，建立评价机制等操作运用，如何优化教师队伍配置，激发教师队伍活力，盘活中小学教育资源等有很强的借鉴意义。

3. 注重学校特色建设

每一所学校都有学校愿景。远、近阶段学校的发展目标清晰，措施得力。比如，潍州麓台学校，它是一所九年一贯制公助民办学校，由潍坊市潍城区教育局直属管理，以工作室、学校社团为依托，打造学校“新六艺”，即诗、书、礼、乐、数、术。诗以道志，书以道事，礼以道行，乐以道和，数以道分明，术以道阴阳。用诗歌表达思想和志趣，用书籍形成品格和修养，用礼仪诱导言行和心智，用音乐净化情感和心灵，用数术阐明思维和判断，用学术承载心志和变化，学校建立“全国知名教育专家智库”，助推学校发展，举全区、全局之力共同打造潍州品牌学校。

二、反思与践行

通过这次考察学习，我们在办学理念、队伍建设、课程特色等方面都得到了一次富有实效的引领，在他们的经验中找到了方向和动力。

1. 用心做管理，做有思想远见的管理者

在管理上，不仅要“管”，更重要的是“理”。“理”就是在“管”的基础上，还要指导好、引导好、疏导好。只“管”不“理”，学校工作就难以理顺，就很容易产生矛盾。当前，我们应以“县管校聘”、校长职级制改革、教师层级发展机制建设等为抓手，来撬动学校综合体制改革，全面把握改革的宏观形势，自觉把思想和行动高度统一到上级部门决策部署上来，创新思路，盘活队伍，激发活力，干出业绩。

2. 用心抓队伍，做帮教师圆梦的管理者

学校要成为一所强校，培养组建一支高素质的教师团队至关重要。考察的几所学校都非常重视这一块，他们都非常注重教师培训进修，特别注重校本培训，因为外出学习、进修只能是少数人参加，只有校本教研、校本培训，才能让全体教师受益。教师队伍是一所学校的根本，给教师成长发展的机会，让教师展示各种才华，让教师体会到幸福感和成就感，助力教师圆梦，才能让教师全心全意为学校的发展而工作。

3. 用心做课程，做帮孩子圆梦的管理者

无一例外，参观的学校都有自己的特色校本课程，潍州麓台学校建立的“新六艺+创造”课程文化体系，潍坊三中的诗词、楹联、书法、国画、篆刻、汉字体验、剪纸等都是基于学校的实际，基于教师的优长，基于学生的爱好来开设的校本课程。这样的校本课程才有生命力，才能真正成为国家、地方课程的有力补充，才能使学校充满朝气和活力。今天的“一校一品”“特色学校”，真正的课程特色还缺乏顶层设计，还未能真正为孩子的全面发展铺路奠基。接下来，对我校的“大阅读”“诵经典”“讲故事”“写文章”等也是下一阶段要重新审视、定位的方向。

乘变革之势，借思辨之力，让我们整装待发，一起去改革、实践、创新，迎接教育的新明天！

2018年5月

韩垂栋

2

第二部分

素养导向下的语文课堂

策略篇

小学高年级教学问题设计谈

一、现象阐述——雾里看花

近年来，我听了许多语文课，其中既有常规课，也有名师观摩课。我欣喜地看到，阅读教学的视角转换到了“关注言语表达形式”上，回到了语文教学的原点。但喜中有忧，课堂上我们所关注的“教学问题的设计”却没有根本性的改变，依然存在高耗低效的现象，主要问题如下。

问题1：设计没有指向文本表达的“怎么写”和“为什么这样写”。

问题2：设计没有凸显教材由易到难、螺旋上升的排列特点。

问题3：设计没有找准学生思维的起点。

问题是思维的逻辑起点，课堂学习是发现问题、提出问题、解决问题的过程。作为教学的出发点，问题的设计指向决定了阅读教学最终的落脚点。针对现状，我立足小学高年段，对阅读教学问题的设计提出几点看法。

二、策略跟进——拨云见日

教学的最佳境界就是教师创设出能激发学生学习欲望、使学生产生认知冲突的问题情境，然后引导学生去主动、积极地找寻办法来解决这个问题，提升学生解决问题的能力。那么，在阅读教学中，教师如何巧设问题，从而提高学生的阅读能力呢？

1. 疑难处设问，统揽全局

针对课文的疑难设问，自然无须多说。文章的难点一般包括两个方面：一是语言文字类的问题，常常需要教师通过提问来解决；二是课文理解类的问题，需要巧设问点，通过答问和归纳来解决。如《穷人》一文中，桑娜家这样“温暖而舒适”，为什么会这样？作者是如何叙写的？这是一个难点。针对这一难点，教师可引导学生通过对“温暖而舒适”进行分析探究，进而理解桑娜的“勤劳能干”、作者遣词造句的准确及感情表达的真实。

2. 误解处设问，转化认知

由于受知识水平、阅读经验等制约，对文本中一些精妙的词句，学生可能不仅品不出其语言的优美，悟不出其构思的精妙，甚至有时可能会对其产生误解。这时，教师就应通过及时、智慧的提问进行引导、点拨，让学生欣赏被误解的“语言风景”。如教学《“精彩极了”和“糟糕透了”》一课时，当讲到父母对“我”的同一首诗评价截然不同时，对父亲这一形象，很多学生认为他太严厉了，甚至有点不近人情。我因势利导，出示句子：“我从心底里知道，‘精彩极了’也好，‘糟糕透了’也好，这两个极端的断言有一个共同的出发点——那就是爱。”这句话如何理解？你从哪里可以读懂“父亲的爱”？……借助错误资源巧设问题，引导学生发现文本的表达细节与自身认知之间的矛盾，使学生对人物的认识由表及里，从偏差走向正确。

3. 无疑处设问，发展需要

朱熹说：“读书无疑者，须教有疑。有疑者，却要无疑，到这里方是长进。”可是学生读书，往往一读而过，不留痕迹，究其原因是不会生疑，因而领略不到文章的妙处。这样，理解课文就不深，“长进”自然也就不大。作为语文教师，应该学会从已知中揭示未知，指出学生理解上的盲点，将已知转化为未知，再揭示深刻的奥秘，让他们“长进”更多。

比如，在《穷人》一文中，对“她头往后仰着，冰冷发青的脸上显出死的宁静，一只苍白僵硬的手像要抓住什么似的，从稻草铺上垂下来……”这句话的理解，稍一疏忽，就会忽略作者用词的独具匠心。我校一位教师对这句话的教学问题设计如下。

问题1：这段文字中有一个字最能体现这位母亲当时的心情，谁能将其找出来？

问题2：这位母亲在临死的时候是想抓住什么呢？

问题3：这位母亲是想抓住时间，想对世人说话。展开想象，她想说什么呢？

这位教师让学生经历了一个读、品、说的语言学习过程，在学生看似没有疑问之处设问，将学生从已知引向未知，进而将问题情境设计转化为有效的语言表达训练，从而使学生更加深刻地体会到了文本内涵。

2016年7月

韩垂栋

在情境中浸润语文素养

语文素养是一种以语文能力为核心的综合素养，语文素养的要素包括语文知识、语言积累、语文能力、语文学习方法和习惯以及思维能力、人文素养等。如何提升学生的语文素养成了当下的热点问题。其中“情境教学”是一种有效的策略，它是随着素质教育的发展应运而生的一种现代教学方法，《义务教育语文新课程标准（2011年版）》明确提出，语文教学应为学生创设良好的学习情境（即情景、背景或环境），要求我们教师在语文课堂教学中为学生创设良好的学习情境，以现代教学手段为媒介，积极开展情境教学，使学生自融其中，融情入境，从而“浸润”学生的语文素养。那么，如何架起情境教学与学生语文素养之间的桥梁呢？我依据自己的教学实践，进行了以下几个方面的探讨。

一、在“疑”中浸润

在语文教学中，教师巧妙设疑不仅能够丰富课堂，也给教学带来了无尽的趣味，使语文课堂焕发活力，在解疑的过程中，既重视学生的个体感知体验，又重视学生的理性分析、口头表达能力等，同时树立学生语文学习的自信心和养成良好的学习习惯。在课堂教学中，怎样通过设疑来提升学生的语文素养呢？

1. 新课导入处设疑

常言道：良好的开端等于成功的一半。生动有趣的新课导入语能够迅速将学生的思路引入课堂所需的教学情境之中。“谁把聪明、机智勇敢、见多识广的少年闰土形象刻画得这么生动？谁把自己比作一只牛，吃的是草，挤出的是牛奶？是谁告诉我们时间就像海绵里的水，只要愿挤，总还是有的？他，就是鲁迅！他的文章吸引了众多读者，也激励着无数青年为国奋斗！他究竟是一个怎样的人呢？”这是教学《我的伯父鲁迅先生》的开场白，一下子就把学生的注意力吸引到课文中来了。

2. 教学重点和难点处设疑

在课堂教学中于知识的重点和难点处“设疑”，往往能达到事半功倍的效果。比如，教学《心中的那盏灯》时，让学生熟读课文后直接讨论“读读描写父亲做冰灯的文段，为什么说父亲做的冰灯是一盏最美的灯”，快速地把学生带入文本的情境中去，走进人物的内心世界，突破教学难点。

3. 教学内容无疑处设疑

宋人朱熹曾说：“读书无疑者，须教有疑。有疑者，却要无疑，到这里方是长进。”教材中，有些文章的语言看似平淡无奇，似乎无可疑之处，但如果我们去细细品味，有时也会发现此处同样蕴含着丰富的知识，觉得意味深长，感觉到恰是作者匠心妙笔之处。如《穷人》一文，让学生学习课文的第1、2自然段桑娜家的环境简单描写进行设疑，看似是环境描写实则是为桑娜收留西蒙的孩子埋下了伏笔。

二、在“趣”中浸润

兴趣是最好的老师。教师要用饱满的热情，真挚的情感，牵引着学生步入文学殿堂，激发他们的学习兴趣。只有他们对学习真正产生了兴趣，就会觉得学习不是一种负担，而是一种乐趣，从而主动地投入学习中。而良好的教学情境的创设能有效激发学生的求知欲和好奇心，使他们学习热情高涨。因此，教师应根据教学内容、目标，教学重难点，结合学生实际情况创设动画、故事、游戏等教学情境，领着他们登堂入室、遨游文本，增强感知能力。

1. 动画激趣

比如，在《快下雨了》教学伊始，动画播放：天灰蒙蒙的，小白兔、蜻蜓、小鱼、蚂蚁在忙碌着。“同学们，小动物在干什么呢？为什么会这样？”一石激起千层浪，学生兴趣盎然，急寻相关的文段描写内容。一小段活泼轻松的动画，激起了学生的学习热情。

2. 故事激趣

比如，在教学《手术台就是阵地》一文时，由于三年级学生对什么是国际主义精神不甚了解，因为现在的学生都生活在和平幸福的年代，所以很难体会到当时环境的危急，以及在这样危急的情况下，身为外国人的白求恩大夫仍然坚持做手术所体现出来的各种高尚品质。这时，通过故事和相关资料、图片的介绍，让学生厘清了课文发生的背景，让学生急于探寻课文中的故事。

3. 游戏激趣

如《和时间赛跑》一文的教学，首先创设和时间赛跑游戏的教学情境："同学们，昨天熟读了课文，现在我们来玩一个游戏——和时间赛跑，请同学们在5分钟之内又对又快地读一遍课文（学生在规定的时间逐一读完，教师表扬）。同学们，课文的作者林清玄从小学就玩这种游戏了，找一找，他是怎样和时间赛跑的？"通过游戏的铺垫，充分调动学生学习的主动性和积极性。

三、在"情"中浸润

我们的课本所展示的画面，涉及人类生活的很多领域，其内容无不与社会生活息息相关。文学对人性的塑造和对社会风尚的影响更是不言而喻的。优秀的文学作品表现出来的高尚的理想、坚强的意志、高度的社会责任感、真善美的心灵，无不对学生产生着潜移默化的影响。通过创设品读、想象、感悟的教学情境，推动学生不知不觉地深入文本，与文本同呼吸。用那些有血有肉的形象，那些声情并茂的场景，那些震撼人心的氛围，去叩开他们的心扉，去感染他们的心灵。引导学生发散思维，去发现美、认识美、创造美。

1. 品读陶情

如《秋天的怀念》一文："别人告诉我，她昏迷前的最后一句话是：'我那个有病的儿子，还有那个未成年的女儿……'"深沉的音乐一响起，听着朗诵者低沉的音调，会让人鼻子酸酸的，母亲那伟大的形象自然浮现在脑海，多么伟大的母亲哪！临死之前还挂念着自己的孩子，也让人从诵读中深深感悟到作者的愧疚。悠长深沉的配乐诵读，让学生走进人物的心灵深处，用心去感悟文字。

2. 想象陶情

如教学《语言的魅力》一文时，结合插图和文本创设想象的教学情境：同学们，当你看到"春天到了"，你脑海里出现了怎样的画面？他们展开丰富的想象，畅所欲言，纷纷说出自己看到的春景。引导学生体会诗人添上这几个字后让人产生了丰富的联想和老人的不幸遭遇形成了鲜明的对比，从而激起了人们的同情之心，使学生与文本产生共鸣，感受到语言的魅力。

3. 感悟陶情

比如，教学《理想的风筝》一文时，创设自主探究，感悟文中刘老师人格魅力的情境教学。在学生自主、自由、充分的读书之后，将个人的体悟与全班同学进行交流，鼓励学生畅所欲言，引领学生倾吐胸臆，不知不觉中走进刘老师的精神世界。与书本上的文字激情交流，刘老师对人生积极乐观的态度和顽强执着的精神将通过自主感悟在学生脑海中打下深深的烙印，引发学生灵魂深处的感动。

总之，创设情境是语文学科的需要，是学生发展的需要，更是现代教育的需要。在课堂中创设多种教学情境，浸润学生的语文素养，让学生成为学习的真正主人，从而轻松、愉悦地学习，让学习成为一种快乐、一种享受。

2018年6月

韩垂栋

九管齐下　提升语文素养

“课堂小天地，天地大课堂。”语文教学是母语教学，学习资源和实践机会无处不在，无时不有。山区农村中小学办学条件普遍较为艰苦，农村经济落后，文化资源少，开发利用资源确实是件不容易的事。在新的课程教学理念指引下，我们立足山区实际，树立“大语文”教育观念，千方百计开发利用语文学习资源，拓宽学习空间，在“用好教材—扩展教材—越超教材”上下功夫。在实践中概括为“山区语文九资源”。

一、教科书

我们目前使用的大修订教材，体现了新课程改革理念，新的精神。课文更新了，没有了单项的孤立的词句练习题目，减少了课后问题。好些教师一下子无所适从，不知该怎么教，怎么学，怎么考。学校组织教师学习，体会到课本不仅是教师的教本，而且是学生的学本。不管是课文还是课文前的“预习”、课后的“思考·练习”，都是教材的组成部分，是一个有机的整体。从“预习”中，让学生学会预习的途径和方法，养成预习习惯，形成预习能力。从“思考·练习”中，让学生从中感悟课文学习的重点、难点以及应该掌握积累的知识点，让学生从中学到解决重点、难点的方法。这些都是应该很好地开发利用的课程资源。可是一些老师对此视而不见，去照搬老一套，进行满堂问、讲，大搞单项词句训练，采用题海战术。学校组织老师教研学习，科组备课、说课，每周坚持，充分把课程资源挖掘出来。

二、工具书

字典是无声的老师。学校要求二年级以上的学生每人备一本《新华字典》，养成勤查字典的习惯，自主自觉地学习，字典中有取之不尽的知识资源。如一、二年级学生，设有《课外识字本》，要求每天多识一个课外生字，通过查字典或问老师、家长弄懂这个字，把读音、字形写下来，并进行扩词。这样，学生翻阅各类工具书的热情便高涨起来，不但人人有字典，近半数的同学还有《词语手册》《作文词典》等各类工具书。

三、同步材料

一个学期语文阅读教学光靠教材上的20多篇文章，根本无法满足学生的阅读需要。我们就要凭借教材相关课文，去见缝插针，举一反三，补充同类阅读材料，扩展阅读。以课内带课外，以课外促课内，做到“学习”和“运用”，“举一”和“反三”相结合。如教学《桂林山水》一文后，了解了作者抓住景物特点来描写的手法，教师可选择一些写景的文章给学生阅读，使学生真正掌握抓特点描写景物的技巧。学完古诗后，可选《唐诗三百首》。学习李白的《夜宿山寺》，体会诗人夸张手法的运用，可选读几首李白的诗。在学习《狱中联欢》后，可读《红岩》。这里有两点可认真挖掘利用的资源：一是立足课内，得法课内。教师要真正把握好教材重点、难点，把握好“同步材料”的结合点。结合点有五个方面：①基础知识；②阅读技巧；③理解能力；④篇章结构；⑤训练重点。二是广开“同步材料”的来源。要充分利用自读课本、教辅资料、思想品德、乡土教材等山区学校已有的教材、资料，更重要的是教师平时要注重积累材料，建立相应的资料库，才会得心应手。不然，部分教师会因手头缺乏资料，无处可寻而无法实施。

四、报刊

报刊时效性强，贴近生活，信息量极为丰富，是极好的语文学习资源。学生每人订阅《第二课堂》《梅州校园》等刊物，学校注重引导自读自悟，设立读报评报课，轮流上台朗读，提高学生的积极性。学校开设阅览室、阅报栏，经常向学生推荐优秀文章，吸引学生注意。一有新内容，连一、二年级的学生也会围上去，指指点点，诵读一番，虽不连贯，稚拙可笑，但阅读的热情却令人十分欣喜。家庭提供报刊也是一条渠道。山区农村经济落后，家庭订阅报刊的不多，思想上也没有引起重视。我们着力做好宣传发动工作，将少儿报刊目录张贴出来，发动学生用零花钱自愿订阅，并发动家长为孩子长远发展做智力投资，约请邮递员上门收订，完善服务，曾订有15个品种，60多份。对此，邮递员十感动，他说：“我在平远县东石镇当邮递员15

年，学校这么重视，学生这么踊跃，自愿订报刊的，还是第一次见到。”老师还组织订有报刊的同学在班级、学习小组学习、传阅，把读物的作用发挥到极致。

五、图书室·图书角·图书架

山区小学图书配置有限，品种单一，且有老化现象。学校图书室要不断充实、完善，就要设法争取各方支持。我校向村委会、台胞争取1万元建设图书室。小学人员编制很紧，专职管理人员是没有的，因此，一些学校的图书资源便闲置一边，成为应付检查的“摆设”。东石镇明新小学采用将图书下发到班级，各班以学习小组为单位借书、读书，组长为管理员，定期组织交换，老师又组织各小组交换，起到了易管理、收效大的效果。

山区农村，村民经济收入有限，文化氛围缺乏。据调查，东石镇明新小学三至六年级275人，家中存书20本以上的4人，占1.45%；有5～10本书的107人，占38%；父母订有报纸的19人，占6.9%。我们深入做好家长工作，家家建立小书架，把给孩子买零食、送礼品的钱，都改为送书籍，目前已有72%的学生家庭有书架，提供了必要的阅读材料，使孩子在书香四溢的氛围中受熏陶。在此基础上，各班建立“图书角”，“众人拾柴火焰高”，一人带一本，全班就有40多本，实现图书资源共享，花钱少，收效大，名曰“股份制”，大受家长欢迎。“图书角”的书流动快、新鲜、时代气息浓，大大激发了学生的阅读兴趣，发挥了图书最大的效益。

六、影视·广播

电视在农村已经普及，但有些老师、家长不准孩子看电视，担心沉迷电视影响学习，或受不良影视的误导。影视、广播是山区孩子看世界的窗口，也是学习语文的好工具。发挥其正效益，减少负效应，的确是值得研究的问题。我们采取了如下做法：学校引导、鼓励学生在课外开展“三个半”活动（读半小时课外书报，看半小时电视，开展半小时文体活动），对儿童来说，每天半小时，日积月累，从课外获得的信息是很可观的。至少在看电视中，孩子熟悉了普通话，能听、能说，这也不失为山区孩子学习语言的好渠道。为防止孩子沉迷连续剧，家庭监督很重要。我们还专门印发了人手一份《遵纪守法，勤学上进保证书》，利用家长会的时机，介绍正确观看影视的收获，也让某些家长介绍怎样引导孩子看电视。这些实实在在的人和事打动了广大家长，让他们自觉管理，挑选节目，督促孩子养成良好的观看习惯。学校建立校园广播站，每周定期广播，培养了一批小记者、小编辑、小广播员，还设有“雏鹰节目”，让学生自愿报名，登台播音，通过讲故事、朗诵，一展自己的才华。这些活动都是学生学习语文的好时机。

七、四赛·三会·两评

语文实践活动内容丰富，形式多样，能充分激发学生兴趣，让学生动心。主要形式有——“四赛”：速读比赛、朗读比赛、作文比赛、写字比赛；“三会”：故事会、佳作欣赏会、读书报告会；“两评”：读书笔记展评和手抄报展评。学校将这些活动列入工作行事历，从班级到学校，层层展开，学生兴趣盎然，出现了自主学习、互相竞争的良好局面。

八、参观·访问

古人云：“读万卷书，行万里路。”组织社会实践，也是语文学习的大课堂。一是访问本地工厂、果场、水库、农户。这在山区简便易行。二是游览本地风景区。一至六年级有计划游遍本地景区，如南台山、尖笔石、古塔等。三是组织学生走出去，远至梅城、叶帅故居、嘉应学院、兴宁合水。每类活动都给学生留下了难忘的记忆。

九、乡土文化

梅州山区风光秀美，客家风情迷人，各地传说众多，山歌、故事、谚语等民间文学蕴藏极为丰富。我们有意识地引导学生收集，并组织专题故事会、欣赏会。学生面对身边的题材，表现得极为兴奋，声情并茂，并下笔成文，通顺流利。如有的写出《武官涂乃生的传说》，有的写出家乡尖山的山歌、诗词20多首，其中一首写道：“四面群山高耸立，三河秀水汇东流。若非龙藏虎卧处，便是人杰地灵村。”深受全校师生喜爱，书法比赛时，抄录这首诗的高年级学生便有60多人。可以想见，学生从中受到的思想教育、语文教益会有多大。

2018年11月

韩垂栋

核心素养下的小学语文识字教学

小学低学段的识字教学是语文教学内容的难点，新课标要求教师在小学低学段语文识字教学中注重核心素养理念的贯彻。由于小学低学段的学生年龄小，学习能力相对较低，学习兴趣不高，以至于小学低学段的识字教学中常面临学生识字负担重，识字教学缺乏个性、效率不高等问题。教师应根据小学语文识字教学的教学现状，落实语文核心素养的内容，培养小学生的识字兴趣，提高小学生的识字能力，引导学生培养语文核心素养。

一、小学语文识字教学的重要性

汉字蕴含着我国优秀的传统文化，承载着中国历史精神。小学生的阅读能力与写作能力离不开识字。因此，识字教学是开展深层次语文教学内容的基础，也是小学生语文核心素养培养的重要基石，通过识字教学，培养学生识字技能，提高语文能力。[1]识字教学让学生直面了解生活中的事物，学会形容，学会写作，学会抒发自己的感情，有利于学生更好地发展。

二、小学语文识字教学现状

1. 学生识字机械记忆

识字是小学语文教学重点，也是阅读及写作的基础。小学语文教材中对识字数量有明确的规定，教师为完成识字目标，以如何让学生快速记忆、多记忆为主开展识字教学，很少采取教学活动引导学生了解汉字底蕴。识字教学中，多数以教师讲解为主，学生观察分析、演绎汉字的时间较少，导致学生缺乏自主记忆，动手实践能力较弱。

2. 忽略识字内容与学生年龄特点

处于小学低学段的学生活泼好动，课堂上无法长时间集中注意力，但喜欢接触有趣的东西，且对自己感兴趣的东西记忆力较强，同时也容易忘。教师难以根据每个字的特点与学生心理特点进行教学。除此之外，教师通过对字形的分析，帮助学生记忆生字能够起到一定效果，但由于汉字之间的联系性不高，学生通常也是机械记忆，很快就忘记，因此产生汉字学习的回生率较高。

3. 教师缺乏变通意识

教师的教学目标往往停留在以教材为主，教材规定认识的就教，不需要掌握的就不教，将学生的学习内容限定在了书本上，使学生的学习内容枯燥单一，远离生活中的实际运用。除此之外，教师过于注重以课堂为主，强调死记硬背，学生缺少实践的机会，导致学生对识字教学失去兴趣。

三、小学语文识字教学的优化方式

1. 结合语感开展教学活动，引导学生识字

识字教学中，教师主要利用汉语拼音帮助学生认识生字词，由于字词量大，学生记忆困难，而语感是培养学生识字能力的一个重要因素，可以为学生理解生字词起到重要作用。教师在识字教学中结合语感开展教学活动，将语文识字内容进行创新，指导学生在教学中练习语感，提高记忆效率。

部编版小学语文《口耳目》中，生字量大，学生容易混淆。教师可以结合语感，采用小组合作的形式，三人一组，一名学生指着另一名学生的眼睛，由另一名学生进行回答；或者利用“你画我猜”的形式。通过教育游戏，帮助学生加深对新汉字的印象，通过口语练习，增强语感，提高识字效率。[2]

2. 结合语用开展教学活动，提高学生兴趣

识字教学中，最有效的教学方式是让学生喜欢识字，主动识字。教师组织教学实践活动，指导学生识字，调动课堂积极性，提高学生思维能力。

部编版小学语文《拍手歌》教学中，教学目标包括认识13个生字，书写10个生字。教师可以选择生字组词的方式，引导学生在常见的词语中发现目标生字的存在。“字不离词，词不离句”，通过字词句去认识汉字，如“歌”字，引导学生说出“歌曲”“唱歌”“歌声”等词语，进行造句，发现这些词语在生活中的实际应用，加深对生词的认识及理解。该教学方式开拓学生创新思维，扩大学生词汇量，有利于语文核心素养的实现。

3. 结合肢体动作进行演示，体会汉字意境

识字教学中，将汉字用肢体语言表现出来最为形象化，根据汉字独特的意境，引导学生识字。部编版小学语文中“坐”与“座”等这些相似的字，学生很难分辨。基于此，教师可以根据汉字的独特特点，展示汉字的意境，“坐”指一个动作，而“座”多数情况下指座位、一座山，上面的“广”字可以看作靠背，意为座位，同时学生在课堂上进行演示区分。同样，学习《口目耳》的时候，指着自己的身体部位去练习，加深对汉字的理解。

在小学语文核心素养下的识字教学中，教师要加强学生对汉字的认识分析能力，结合语文识字内容，结合教学实情及学生的学习能力，优化创新识字教学方式，提高学生识字兴趣，保证识字教学质量，实现对学生语文核心素养的培养。

2020年9月

彭丽琼

参考文献

［1］宋珊.小学语文教学中核心素养培养策略探究［J］.科学咨询（科技·管理），2020（8）：295.

［2］索清梅.浅谈如何促进低年级小学生有效识字［J］.汉字文化，2020（14）：82–83.

核心素养下的趣味识字策略

语文素养是一种以语文能力为核心的综合素养。汉字是中华民族的瑰宝，蕴含着丰富的文化信息。学习汉字的过程就是学习文化，学习审美，培育素养的过程。《义务教育语文课程标准（2011年版）》明确指出了识字教学在语文教学中的重要地位。识字是阅读和写作的基础，是一至二年级的教学重点。这是对每一个学生在语文素养方面的基础性要求。但是，长期以来，识字教学单调地读、重复地写、机械地识记，让学生趣味索然，学习效果事倍功半。从培育学生核心素养的角度出发，我们要在教学、生活中关注学生关键能力的培养。因此，加强小学生识字技能的培养成为重中之重。新大纲指出："要在课内外创设多种多样的情境，激发学生学习兴趣，让每个学生无拘无束地进行识字学习。"我针对低年级学生年龄小，注意力易分散，形象思维占优势的特点，注重识字教学的趣味性，通过激发兴趣，让学生由被动接受变成主动获取。运用多种教学方法和教学手段提高识字教学的有效性，从而提高学生识字技能。教学中，我从以下几个方面来激趣。

一、猜字谜记忆

学生对猜谜语这种方式情有独钟。识字课一《猜字谜》中，采用了有趣的传统游戏形式揭示形声字的造字规律。后来，我在教学"生、告、月、明、回、电、喜、胖"这些生字时，编了一些字谜：牛过独木桥（生）；一口咬掉牛尾巴（告）；什么弯弯像小船（月）；太阳东边升，月亮西边挂（明）；四四方方两座城，小城藏在大城中（回）；田字出了头，下面长尾巴（电）；十粒豆豆入口来（喜），半个月亮（胖）……学生学得趣味盎然，课下也兴致勃勃地收集有关字谜的资料，从而记牢了一些字。

二、"魔术变字"记忆

《学拼音一》学完了"日"字以后，我自编了一套"魔术变字"游戏。用硬纸片剪好有关的笔画，然后由熟字不断变出生字，带领学生玩"百变魔术"游戏："日"字去掉一横变成（口），加上一撇变成（白），加上一横变成（目），加上一竖变成（田）；"目"字加上一撇变成（自）。教师渗透了这种方法以后，学生也想到了不少。比如，"大"字加一横变成（天），加一点变成（太）；"十"字加一撇变成（千），加一横变成（土）或（干）；等等。学生在玩中学，学中玩，收到事半功倍的效果。

三、形体动作记忆

识字教学过程中，遇到抽象的、难以理解的、表示动作的生字时，我让学生运用肢体语言，也是一种行之有效的方法。学习"看"这个字时，我让学生把手放在眼睛上眺望远方，做个齐天大圣四处看的经典动作。学生觉得非常有趣，一下子便能读准字音，记住了这个字是由"手"字的变形加"目"组成。在学习"摇、推、摆、挂、找"等字时，同样引导学生用动作记忆。运用这种教学方法，不但课堂气氛活跃，而且学生记得牢固，加深了对汉字含义的理解。

四、触类旁通记忆

刚开学，我把学生的名字贴在桌角上，让学生利用课下的时间识记同学的名字，大家很感兴趣，主动、乐意地去认，不仅快速拉近了与同学的距离，并且在学习生字的过程中能很好地利用同学名字去记字。比如，学习"娃"时，有同学说："老师，我是这样记'娃'字的，我们班的佳华同学的'佳'字去掉左边，换成'女'，就变成了'娃'字。"我及时表扬这名同学细心，善于发现。又提示：女字旁的字还有哪些？学生踊跃回答："妈、姐、妹、奶、姑……"我趁机告诉学生这几个字都是女字旁，因为都与女性有关，引导学生利用汉字规律识字。在《动物儿歌》中，展示了各种有虫字旁的动物名称。《小青蛙》的青字族识字，渗透了形声字规律。这让学生在有趣的儿歌学习中，领略汉字的趣味与精妙。学习新部首时，把相同类别的字归在一起，引导学生用已学的生字偏旁开展自主识字。在学生的记忆中提取以前的知识，有利于学生的信息加工。这一方法不仅使学生更好地识记汉字，并能发现汉字造字的规律，也增加了识字量。

五、生活中记忆

我不断引导学生将识字与生活紧密结合。通过更多的渠道去认字，从电视上、报纸上、广告牌上、食品包装上等，鼓励学生在生活中识字。课本中的“识字加油站”，引导学生认识到生活中处处都有识字的资源。通过在生活中识字，不但可以辅助学生完成课内的识字任务，还可以促使学生突破教材要求的字数限制，认识课本以外的生字。生活中识字是学生的一种学习态度和学习理念，要把它贯穿整个小学乃至义务教育阶段。教学中，我看到了孩子们在识字过程中的乐趣，于是鼓励他们运用更多的巧妙方法：归纳识字，把各种类型的字进行归类。比如，孪生姐妹的字——“双、朋、林、从、多”等。还有反义词识字，看图识字，组词说句识字，对对子识字等。我随时注意学生心理效应，发现学生的闪光点并加以肯定，使学生产生一种愉悦的情感体验，有效地支持学生奋发向上，最大限度地调动学生的学习积极性，增强克服困难的勇气，增添对学习语文的兴趣。

识字教学是小学语文教学的重点，其教学的效率和质量，直接影响着学生以后的语文科目学习，是一项艰巨的任务。只要我们在实践中遵循学生身心发展规律和语文学习规律，科学选择教学方法，充分利用儿童的已有知识、生活经验进行识字教学，注重教给儿童识字方法，通过多样途径、多种方式来开启儿童的认知世界，让学生在生活中和汉字交朋友，一定会成功地完成识字教学任务，让学生的语文素养得到提升。

2020年11月

彭丽琼

核心素养下的识字教学

——以小学低学段为例

《义务教育语文课程标准（2011年版）》中指出：“识字是阅读和写作的基础，是第一学段的教学重点，也是贯穿于整个义务教育阶段的重要教学内容。”[1]对于小学语文教育，全部内容都围绕着听、说、读、写，而识字教学贯穿这四个方面的始终，更是促进学生全面发展的基石。作为小学语文低年段的教学重点、语文教学的基础，识字教学的效率对小学生语文素养起着关键作用。语文教师应致力于识字教学的提升与优化，以提升学生的语文核心素养。

一、语文核心素养下的识字要求

语文核心素养是一种以语文能力为核心的综合素养，主要包括“语言建构与运用”“思维发展与提升”“审美鉴赏与创造”“文化传承与理解”四个方面。小学低年段识字教学中提升学生的语文核心素养，主要表现为学生对字义直观化的感知，换个语境也能认识；能够将所学汉字准确运用于日常口语交际与写话；学会自主分析与理解汉字，欣赏汉字时，能感受中国汉字的形体美与独特魅力。

二、低年级识字教学现存问题

1. 灌输式教学模式的存在

灌输式教学模式是现如今普遍存在的问题，教师将教学当成了单向的传授知识的过程，忽略了学生的主体性地位。灌输式识字教学模式通常为教师为学生讲解字的读音、写法、结构、意思等，没有与学生的互动，没有关注学生的接受情况，因此学生在课堂上并没有将这些内化为自己的知识，只是记住了片面的知识点，没有及时巩固便存在“忘得快”的现象。在这种模式下，无法培养学生自主识字的能力及学习汉字的兴趣。

2. 识字教学方法单一

识字教学方法单一是教师识字教学中存在的短板，一些教师的教学思维固化，在教学上沿用十几年前的思维，用统一的教学方法对待所有的生字教学，在教学方式上没有创新，将生字教学局限在分析读音、偏旁、结构、笔画、笔顺的模式中，或者是简单地使用加加减减的方法，这样的识字教学乏味无趣，导致自身在识字教学领域原地踏步、止步不前，跟不上时代对教师的要求及学生学习的需求。

3. 重字形、轻字义

汉字是“音、形、义”三位一体的文字，低学段识字教学应使学生建立起汉字“音、形、义”的统一联系。但大多数教师在讲解汉字的时候，只关注到了其中一项，将重点放在了字形的识记上，没有从汉字的整体性出发，学生对学过的生字一知半解，无法巧妙地运用。例如，低学段大部分学生分不清“衤”和“礻”，就是因为在识字教学的过程中，教师忽略了部首的意义，这两个部首在字形上相近，学生在不明白两个部首意义的情况下便容易混淆。

4. 重文字、轻文化

汉字有着数千年的历史，承载着中国数千年的文化，学习汉字，最终应落在“文化”这个根上，但大部分教师却忽略这一点，对汉字本身所蕴含的文化挖掘不够，导致汉字在教学中“文化营养”的流失。在识字教学过程中，如在教学“碧”的时候，教师常常会利用编口诀“小王和小白坐在石头上”的方式使学生识记字的写法，将富有生命力的汉字当作符号记住，忽视了字的本意，这是我们在识字教学中存在的缺失，其实“王”在古时候有“玉”的意思，而“碧”的本意是“青绿色的玉石”，如果在学生识记这个字之后将“碧”的本意讲给他们听，他们一定可以感受到汉字文化的博大精深。

三、基于语文核心素养下的识字教学策略

1. 确立学生的主体性地位

低学段识字教学应遵循教育规律和学生的心理发展规律，不盲目追求识字速度与数量，在课堂教学中，教师应多采用符合低学段学生年龄特点和身心发展规律的教学形式，通过直观、形象、生动、有趣的识字教学方式，调动学生多感官、全方位学习，使原本抽象、枯燥的汉字变得具体可感，使生字学习变得轻松愉快。[2]根据低学段学生的认知特点，可能会搞不清楚偏旁和部件，如“落”“莲”容易写成左右结构，或是分不清多音字、形近字等，因此在教学过程中，应强调正确地认识和书写汉字，教学中认与写需要紧密结合起来。此外，还要让学生参与到课堂中来，做到教与学紧密结合，还可以根据学生的不同情况进行分层教学、布置分层作业等，落实因材施教。

2. 创新识字教学方法

创新识字教学方法，培养学生对语文的学习兴趣及学习能力，远比知识的传授更重要。在识字教学过程中，教师可以灵活采用“联想法”“情境法”“形象法”等方法，还可以将汉字的学习融入学生的生活中，对于低年段学生，可以认识同学的名字、认识班级里的标语，还可以制作生字卡张贴在教室内，当学生在具体的语言环境中反复看到某个汉字时，就能逐渐理解和运用它。[3]此外，教师还应该善用多媒体技术。信息技术的发展为教师的直观教学提供了条件，通过视频动画的形式能将复杂、抽象的教学内容形象、具体地展示出来，同时也激发了学生的学习兴趣，善用多媒体能从一定程度上提升教学效果。例如，在讲解“旦”的时候，教师可以用动画的形式将“旭日东升”的日常景象通过多媒体展现出来，太阳逐渐从海平面上升起，天就亮了，由此学生可以直观地认识到，“旦”就是“天亮”的意思，还能记住“旦”字的写法，识字教学过程变得充满活力。

3. 音、形、义相结合

姜建邦先生在《识字心理》一文中说：“所谓识字，不但认识字的形状、声音和意义，并且要见形知音义，闻声知形义，知声义而想见其形，书写时不生错误。”[4]真正的识字是对汉字音、形、义的整体把握，不可割裂开来。例如，“看”是个会意字，上面是“手”的变形，下面是“目”，本

意是“用手遮住眼睛远望”，教师可以按照汉字的造字原理来讲解，做到形与义相结合。

4. 追根溯源，扎根于文化

汉字作为民族文化的承载工具，横、竖、撇、捺都有着浓厚的文化底蕴，其结构、寓意、来源丰富而博大精深。[5]在识字教学过程中，渗透中国文化，使学生受到文化熏陶和感染，感受数千年文化的美丽与源远流长。例如，《静夜思》中的一个“疑”字，将作者在古诗中构建的意境很好地展现出来，建立了明月光与地上霜的联结，使得整首古诗更有韵味。在教学过程中，教师可以结合作者当时的经历与所见所感，讲解“疑”的意思，拉近学生与古诗和作者的距离，感知古文的魅力；在《传统节日》一课中，学生之间可以分享自己知道的传统节日的来源和习俗，将生字教学与传统文化结合起来，在历史文化的长河中学习生字，使文化得以传承，追根溯源，扎根于文化。

2020年1月

彭丽琼

参考文献

[1] 中华人民共和国教育部.义务教育语文课程标准（2011年版）[S].北京：北京师范大学出版社，2012.

[2] 黄红梅.关于优化字理识字教学的思考[J].广西教育，2014（1）：88.

[3] 白玉权.优化小学一年级识字教学的途径和方法[J].小学语文，2015（11）：29.

[4] 姜建邦.识字心理[M].正中书局，1948.

[5] 张美月.小汉字大奥妙——浅谈识字教学策略[J].名师在线，2019，87（14）：70–71.

指向核心素养提升的训练与感悟

一、当前语文教学的现状

课改实验的春风吹遍神州大地，统编教材的全面使用和课程改革带来的新鲜与兴奋让老师们的情绪随之高涨，也给语文课堂带来了生机与活力。语文教学新课标提出了语文教学策略：“强调整体感知、强调感悟、强调熏陶。”语文教学注重培养学生“语文素养”，强调语文课程对学生的人文影响，已成为当前语文课堂教学的主流。在这一理念影响下，要么热闹的感悟背后，训练不见了；要么理性的训练背后，感悟没影了。

或许是对课标理解的偏颇，语文教学的这个“本”被不同程度地遗忘了，语文教学陷入了重感悟轻训练、重人文轻工具的泥潭。语文本体被严重弱化，出现了学生的能力有所削弱，在阅读短文时，学生只停留在文字表面，而没有真正地走入文本，与文本对话。感悟与训练有机结合的情况则难得一见。作为一名语文教育工作者，我们都内忧外惑。如何摆正训练与感悟的关系，使训练包容感悟，加深感悟，在感悟中体现训练，已成为我们必须深思和改进的话题。

然而，令人担心的是，如今人们对“训练”一词往往是讳莫如深。有人甚至将语文训练与机械重复、题海战术画上等号，将其视作应试教育的产物、素质教育的大敌而妄加批评、否定，因此成了我们小学语文教学的忌讳。训练与感悟两者完全割裂开来，成为老死不相往来的对立面。

二、现状分析

面对这一现状，需要我们静静思索，重新审视。从工具性与人文性的统一这个语文课程的基本特点出发，我们应该深入解读教材，将训练与感悟并举，让其融为一体。这样才能获得更好的课堂效果。

叶圣陶先生讲过："什么是训练呢？就是要使学生学的东西变成他们自己的东西。"的确如此。语文教学的重心应放在创设生活化语言情境中，引导学生在实践中感悟语言，积累语言，运用语言，从而提高学生的语言表现力，培养学生的灵性。训练与感悟应是相互依存、相辅相成的。如何使两者有机结合？下面谈谈我在实际教学中所感悟到的粗浅看法。

三、策略分析

1. 讲究训练的方法

（1）细读品味，在理解中训练。细读品味是传统的阅读训练的方法，也是培养语言感悟的基本方法之一。比较阅读是细读品味文本的基本方法，教材中许多写人、记事、写景、状物的课文都可以进行比较阅读。可以是同一篇文章中的遣词造句的比较、思想内容的比较，也可以是同别的文章内容上或形式上的比较。

如教学《泊船瓜洲》一诗，"春风又绿江南岸，明月何时照我还"这句诗，在引导学生理解品味的时候，我问："同学们，这句诗中的'绿'字，诗人王安石可是在下笔的时候改了10多次呀！你们猜猜他可能用了哪些词？"学生个个兴趣盎然，在充分想象之后畅所欲言：过、入、满、吹、到……我把他们想到的词都写在"绿"字旁边，引导学生通过朗读，然后小组讨论，比较理解用"绿"字的妙处：一个"绿"字把整个江南生机勃勃、春意盎然的动人景象表达出来了。还告诉学生：这一个"绿"字使全诗大为增色，全诗都活了。这个"绿"字就成了后人所说的"诗眼"，后来许多谈炼字的文章都以它为例。我们语文所说的推敲琢磨就在于此，字、词、句是构成语言，表情达意的基本材料，遣词造句是构成语言能力的基础和前提，是生成、发展语言的"活力细胞"。因此在教学中，我们就应引导学生在读中比较、揣摩、玩味那些有点睛意义的字词，感悟作者遣词造句的高超技能。这样才能内化为自己的语文素养，真正达到读有所悟、读有所得。

（2）还原语境，在对话中训练。读者与文本对话的任务之一就是通过感悟、体验、理解恢复语言与语境的联系。比如，《居里夫人的三克镭》一课中，居里夫人面对记者的提问，解释异常平淡："没有人应该因镭致富，它是属于全人类的。"就是这样一句简短的话语，但在特定的语言环境中却有着强大的表现力。如何引导学生体会居里夫人高尚的人格魅力呢？教学时首先引导学生了解镭的用途和它的价值所在，再引导学生了解居里夫人生活的困顿及她从事的工作，在利益和事业面前，让学生感悟居里夫人的伟大人格。接着我趁热打铁，随即出示居里夫人在自传中说的这番话："他们所说的并非没有道理，但我仍相信我们夫妇是对的。人类需要勇于实践的人，他们能从工作中取得极大的收获，既不忘记大众的福利，又能保障自己的利益。但人类也需要梦想者，需要醉心于事业的大公无私。"通过反复的研读，在读的训练中让学生更深入地体会到居里夫人身为科学家的伟大人格和崇高精神。

（3）填充补足，在扩展中训练。补足有形和无形省略的意义，基本方法是想象。通过想象发展学生的思维，丰富学生的语言，在表达中提升学生的阅读感悟能力。如《大自然的语言》一课，先引导学生反复诵读第2至9节，理解"大自然的语言是什么"，并从发现中获得知识。然后指导学生可以结合生活中的经验和课外阅读中获得的常识，仿写一两节诗歌，这样就能引发学生观察和钻研的积极性。

（4）角色换位，在体验中训练。在对话的过程中，可以进行角色的换位：或把别人当别人，或把别人当自己，或把自己当别人，或把自己当自己。把别人当自己，就是阅读的时候，要把自己代入进去，想象文中的一个角色（或作者）就是自己，会怎么想、怎么做，有什么感受。如教学《"心正笔正"的柳公权》一课时，课文重点讲述了大书法家柳公权的书法成就和向皇帝直言劝谏的故事，塑造了一个刚正不阿、正直敢言的良臣形象。在教学到"柳公权借谈论皇上穿衣，劝诫文宗要正确用人，赏罚分明"这部分时，作者用对比的手法描写了当时的情景：听完文宗皇帝的话，"这件衣服已经洗过三次了"，众人的表现是"立刻赞颂不已"，柳公权却是"始终一言不发"。我创设当时的情境：让一名学生扮演文宗皇帝，一名学生扮演柳公权，全体学生模仿在场众人，让学生通过模拟表演，在角色换位体验中感悟到了柳公权不是一个逢迎附和、趋炎附势的小人，而是一个堂堂正正的君子，并领悟了对比的写作方法。

（5）在练习题中训练。教育部组织编写的由人民教育出版社出版的小学语文统编教材（以下简称"统编教材"）刚一问世，就引来语文界万千教师的瞩目。可真当她以亮丽的外观、丰富的内涵"下水试航"时，没有了《教师教学用书》这根“定海神针”的老师们开始在备课中、教学时横冲直撞，摸不着方向，找不准目标，看不清重难点，以至于船过了无痕……于是乎，“教什么”即教学目标成了目前统编教材备课中的首要问题。其实，只要你有心，无须刻意地寻找，那些包含着“教什么”的芯片、密码就如散落的珍珠般藏于教材的各个角落，有的在单元导读里，有的在课文泡泡里，有的在插图里，有的在阅读提示里，还有的在语文园地里，更多的则在课后练习题里。

课后练习是课堂的家常便饭，以往通常是老师们用来检验学生学习效果，或是巩固课堂所学，或是当作课堂延伸作业的一种辅助手段。如果再把现在统编教材中的课后练习题如往常般使用，那就是暴殄天物了。须知，这练习里有玄机。

第一，语文要素藏其中。众所周知，统编教材的一大亮色就是它主要以“人文主题”和“语文要素”双线结构呈现。以统编教材小学语文三年级上册为例，语文要素的重点训练目标主要藏于三处：一处是“单元导读”，如第一单元“阅读时，关注有新鲜感的词语和句子”“体会习作的乐趣”，这两项要求就是本单元语文要素的重点训练目标；一处是“交流平台”，如第三单元语文园地中的“交流平台”，从两人的对话中我们不难了解“童话的特点”，而这正与本单元导读中的“感受童话丰富的想象”“试着自己编童话、写童话”遥相呼应；一处是“课后练习”，如果说“单元导读”“交流平台”是整个单元语文要素的训练点，那么“课后练习”就是具体到每一课的语文要素训练点了。

第二，能力目标有层次。语文要素包含了字词句段篇等语文知识、听说读写识等语文能力、品悟思辨赏等语文方法、点画圈记查等语文习惯。统编教材在诸多要素中是以培养“阅读能力”为主要目标的，而这也是制定教学目标，设计重难点的注视点、关键点。阅读能力体现在课后练习中，并不是东一榔头西一棒槌，而是有层次的。

如第六单元总的能力训练目标是“借助关键语句理解一段话的意思”“习作的时候，试着围绕一个意思写”。具体到课的能力训练目标，如第18课《富饶的西沙群岛》课文“小泡泡”里的提示“我发现这段话是围绕一句话来写的”，能力训练目标如一缕轻柔的风，润物细无声地提醒老师和学生应该这么读。再看第19课《海滨小城》课后练习中“有些句子很重要，可以帮助我们理解一段话的意思，你能从课文中找出来吗”，就不再那么轻柔了，而是掷地有声地强调这些概述句的重要性，它能帮我们理解一段话，与此同时，学生从中也学到了写景的方法。由轻到重，由发现到寻找，体现了能力目标训练的层次性。

第三，阅读训练重系统。统编语文教材对学生阅读能力的培养在横向上是以主题形式呈现的，纵向上是由点到面有梯度展开的，体现了阅读能力训练的系统性。横向看，从三年级上册开始，每册教材都有策略指导单元，每册都学习不同的主题策略；纵向看，三年级上册第四单元总的阅读训练目标是“一边读一边预测，顺着故事情节去猜想”“学习预测的一些基本方法”“尝试续编故事”。本单元3篇课文关于“预测”策略的学习体现在课后练习中是由点到面铺开的：第一篇《总也倒不了的老屋》主要让学生尝试猜测，认识预测；第二篇《胡萝卜先生的长胡子》则是尝试预测情节和结局（一个）；第三篇《不会叫的狗》扩展至让学生预测多个不同的结局，最后迁移运用，听不熟悉的故事，预测情节和结局。由点到面，层层铺开，体现了阅读训练的系统性。

第四，活动形式求丰富。课后练习大多是由一个个活动组成的，有“读”的，有“说”的，有“写”的，如第6课《秋天的雨》：“想象一下，秋天的雨还会把颜色分给谁呢？照样子写一写”；有“背”的，有“默”的，有“画”的，如第10课《在牛肚子里旅行》：“红头的旅行真是惊险，画出它在牛肚子里旅行的路线，再把这个故事讲给别人听”；有“猜”的，如第四单元猜情节、猜结局；还有“观”的；等等。有联系生活的，有积累语言的，有培养能力的，有获取知识的，有学习策略的；有必做的，有选做的；有纸笔的，有实践的；有全提示的，有半提示的，也有不提示的……课后练习从各个层面、各项要素等不同方面向孩子们展现了语文活动的丰富性。

第五，课课不离读和说。统编语文教材的总主编温儒敏教授提出“读书就是要摸爬滚打地读”，这一理念在课后练习中体现得尤为真切。在三年级上册语文教材中，几乎每一课都提出了“读”的要求。有朗读，有默读，有具体的分角色朗读，有感情地朗读，有想象读等。学语文的最终目的是运用，除了阅读，表达也是根本。课后练习除了课课不离“读”，也不离“表达”，有时是“说一说”，有时是“讲一讲”，有时是“写一写”，有时是“背一背”，有时是“交流交流”，有时是“介绍介绍”……总之，读说不分家，读写不离亲。

2. 把握训练的尺度

在进行语言训练时，还要把握好训练的尺度。

（1）立足教材，坚持“一课一得”。一篇文章，语言训练点是很多的：朗读要训练，遣词造句要训练，写话要训练——名目繁多的训练，在短暂的课堂40分钟内是很难收到效果的。我们就要根据学生的实际情况及文本的特点，舍次要的语言训练，突出主要的语言训练点，循序渐进，做到“一课一得”。比如，情感性很强的课文以复述作为训练点，有明显写作特点的课文以模仿表达作为主要的训练点。比如，老舍先生写的《猫》采用先概括后具体的方法描述大猫性格古怪的特点，让学生先领悟后可模仿写法写一种自己最喜爱的动物。反之，多点开花，形式多样的训练，耗时多，收效慢。课堂上如果教师关注一至两个主要训练点，花时间练扎实，对学生理解和提高语言文字的能力大有益处。

（2）立足教材，坚持训练和感悟比翼双飞。文字，是课本的窗户；情感，是课文的心灵。加强语言文字训练与重视文本内容感悟是不矛盾的，语文教学只有把语言文字理解深透，才能感悟文本内容；要深入感悟文本内容，必须借助于语言文字的理解。语文课上如果只进行机械的语言文字的训练，就会使内涵丰富的课文变得空洞；但如果只重浮光掠影的感悟，就会使语文课失去自身的价值。

（3）立足教材，坚持因材施教。文质兼美的教材风格各异，不同体裁、不同类型的课文应在学生理解感悟的基础上进行恰如其分的训练，体现教材真正的价值所在。不同体裁、不同类型的课文训练的点是同中有异的：相同的是都要引导学生抓住重点语句进行理解感悟，并指导适当的朗读训练和词语的积累运用等。但不同体裁的文章还要把握不同的训练点，如写景的文章，要引导学生在体味作者如何借景抒情的基础上训练学生怎样将景物写得生动形象，写事的文章则在体会作者如何记事传情的同时教学生将一两件事情写具体，写人的文章在引导学生感悟人物形象的时候指导学生怎样通过具体的事例突出人物的个性特点等。精读课文是训练的主体，而略读课文是补充，但从效果而言，精读课文是准备，略读是运用。

（4）尊重学生，坚持遵循训练的规律。不同学段的孩子，认知、理解的能力不同，我们在教学过程中应循序渐进，由浅入深。各学段的学生在训练过程中应结合其年龄特点和知识水平提出不同的要求：低年段学生在阅读感悟的时候，引导他们通过读懂一个词、一句话，能用自己的话说说它的意思，并仿说句子；中年段学生引导他们读懂一段话，能够理解句与句之间的关系；高年段学生则注重引导他们读懂整篇文章，体会作者的情感，学习文章的表达方法并学以致用。正是这样“一步一个台阶”，不同年段不同的训练要求，从学生实际出发，做到因人而异，让学生学有所获，越学越轻松，越学越好。

3. 提升训练效果

（1）教师指导与学生自主结合。在课前我们要指导学生预习五法：看（导语、注释和练习）、读（课文）、查（工具书）、想（问题）、做（笔记），让学生掌握课前预习的方法，养成课前预习的好习惯。在课堂上给予学生充分自主学习的时间和空间，放手让他们自读整体感知，合作细读品味，全班交流时大胆质疑，从而训练他们听说读写等各方面的能力。

（2）口头训练与书面训练相融。在我们如今的课堂上，比较常见的是“师生问答，说话，朗读”等口头训练的形式，很少见到那种“读写结合，说写结合”的情况，导致训练不到位，效果不明显。如果在课堂上我们将语言的口头训练与书面训练相结合，做到“从读学写，读写结合”，这样既能使学生的语言表达更规范、连贯、有条理，又能丰富训练方式、巩固语言训练的内容，还能通过书面训练有效地检测学生理解、积累和运用语言的情况。我们在教学中可以结合课文内容的学习，安排小练笔，鼓励学生运用阅读中积累的语言，运用阅读中学到的表达方式，丰富自己的表达，特别是在高年段，读写结合的训练应该更丰富：可以写段、写篇，可以缩写、扩写、续写、改写，可以在典型处写，在可变处写，灵活安排口头训练和书面训练，更能练就学生的运用能力。

（3）识记理解与积累运用互长。学生的语言发展是有规律的，要经历识记、理解、积累、运用的过程。在语言训练的过程中，不能孤立地进行，应把理解语言、积累语言和运用语言有机地结合起来，进行有效整合，使语言训练的内容与理解感悟相互联系，形成浑然一体的教学链。

在教学《“心正笔正”的柳公权》一课时，我把“骨力秀挺、铁骨铮铮、毫不犹豫、弦外之音、赞颂不已、一言不发、正直敢言”这几个词语的理解贯穿于阅读感悟中，引导学生在理解、积累与运用的过程中加深对课文内容的理解和感悟，将字词教学与阅读教学融为一体。一是检查预习情况，默写体现柳公权书法特点和做人风格的词语：骨力秀挺、正直敢言。二是让学生读文后整体感知，课文哪些自然段写柳公权的字骨力秀挺？哪些自然段体现了柳公权做人正直敢言？三是引导学生品味文中的重点语句，感悟柳公权的品质。在品析文本的过程中，随文理解这些词语，进行类似的词语扩展、成语接龙以及说话训练等。学生在表达交流的过程中对词语的理解也更为深入，语言不断得到内化，运用也更加自如。

事实证明，为了让语文课堂上得更丰富、更有意义，只有在感悟文本时进行适当的语言文字训练，才能使孩子们实实在在地品味语言，积累语言，运用语言，发展语言，真正实现“训练与感悟并举，理解与表达同行”，让感悟携训练共舞，使语文课堂充满生机与活力。

2020年5月

韩垂栋

核心素养下的语文阅读教学

核心素养教学理念就是尊重学生的主体地位，以学生为本，通过有效教学方法的使用，促进学生的全面发展，培养学生健康向上的品格，激发学生自主学习的积极性，让学生能够更好地适应时代发展的需求。在小学阶段，核心素养理念指导下的教学主要是提升学生的修养和知识能力。教师在小学教学中贯彻核心素养的理念能够调动学生学习的积极性，激发学生学习的热情，提升学生的整体能力。

如何培养学生的语文核心素养，是每一位语文教师必须研究的重要课题。小学语文作为基础学科，通过课内阅读教学，能够在很大程度上助推学生语文核心素养的形成。教师应引导学生学会积累、学会阅读、学会运用，在丰富的教学实践和反思中总结出切实有效的方法，丰富学生的语文核心素养，为学生的终身发展奠定坚实的基础。以下是我在课内阅读教学中的点滴体会。

一、在课堂中学会阅读

在语文教学中，阅读教学是语文教学的重头戏。学生提高语文方面的能力，除了生活中的体验，更多的则来源于阅读。因为阅读不仅能获取有用的信息和丰富的知识，还能汲取精神养料，提高人的整体素质。众所周知，“授之以鱼，不如授之以渔”。那么，如何实实在在地帮助学生学会阅读呢？

1. 激发兴趣，爱上阅读

孔子曰：“知之者不如好之者，好之者不如乐之者。”因此，教师在课堂教学中应激发学生的兴趣，让学生爱读、乐读。比如，在学习《搭石》这篇课文时，我就采用了让学生参与课堂表演体验的方法。上课时，我在讲台上放几张白纸作为搭石，告诉学生白纸以外的区域就是溪水，让三五个孩子跟着我一起走搭石。学生一看可以上台和老师一起表演，情绪高涨，纷纷踊跃上台参加，与我配合默契，提脚、落脚，动作协调一致，让其他同学很直观地感受到动作的协调美和韵律美。这样的学习生动活泼，很自然地调动了学生学习的积极性和主动性，并潜移默化地培养了学生的人文素养和情怀。

2. 点亮思维，丰富理解

阅读教学的精彩之处在于点亮学生的思维。在教学《“精彩极了”和“糟糕透了”》时，我通过品读课文，分析父亲和母亲对巴迪的诗的不同看法，并创设情境，让学生抓住语言、动作等描写来探究人物的内心，从而明白文中的爱有两种表现形式。结合生活中孩子越来越不懂得父母的爱，围绕“你是如何看待巴迪父母对他的爱的”展开辩论。让学生敢于提出看法，做出自己的判断，自由表达心中所想。此时的他们，融入自己平时对爱的感悟和理解，思维情感在课堂中交互流淌，说得有情有理。个性飞扬的同时，更体验到表达的快乐、学习的愉悦。此时，我再拓展至学生的生活实际，让他们交流是否有类似的感受，说一说，再写成读书笔记，让“读、思、悟、说、写”有机结合，相互促进，拓展思维的广度，提升阅读能力。

3. 独特体验，升华情感

阅读是学生个性化的行为。教师应鼓励学生在课堂中，对文本进行多元化解读，有着自己独特的体验。如教学《桂花雨》时，我让学生在初读的基础上将文章读成几个字，高度概括文章。随后，我又鼓励学生用思维导图来做笔记，抓关键词，细细揣摩，记录自己的独特体验。待学生充分阅读后，再做深入的交流探讨。因每个学生都有着不同于他人的阅读和思考方式，并且阅读兴趣及经验有差异，他们肯定会有不同的理解和感悟。教师要尊重每个学生的独特个性，还要鼓励学生敢于说出与众不同的体验，让学生在自由的氛围中深入地理解文章的语言文字和思想内容，这样就不需要教师刻意地渗透，完全可以让学生自己从字里行间“读”出来，并潜移默化地融入他们的心灵。

二、在实践中感受阅读

语文课程是一门学习语言文字运用的综合性、实践性课程。把语文教学与现实生活结合起来，引导学生把学到的知识应用于实践，通过实践升华为能力，从而提升学生的核心素养。教师要给学生提供实践运用的机会，搭建展示个性才华的舞台。比如，在五年级语文上册第一单元“我爱读书”的专题综合性活动中，学生分组开展活动：收集名人读书故事或名言；访问周围爱读书的人；给图书分类，做个书目；读书笔记展览等。我采用学生喜闻乐见的形式，举行手抄报评比、读书笔记展览、故事会、朗诵会、好书推荐等活动，让学生进一步感受读书的快乐。

总之，学生语文核心素养的提升是教学的重中之重。新课标指出：“要重视培养学生广泛的阅读兴趣，扩大阅读面，增加阅读量，提高阅读品位。提倡少做题，多读书，好读书，读好书，读整本的书。”在教学实践中，我要求学生每天阅读经典名著30分钟以上，同时做好读书笔记，摘抄适量的精彩片段、优美的句子和词语，并写出简短的赏析文字。如果在我们的语文课上，学生能真正学会积累、学会阅读、学会运用，并且好读书、读好书，这样，学生的语文核心素养肯定会不断提升。

2020年6月

韩垂栋

激趣·积累·练笔

——核心素养下的作文教学

作文教学是语文教学的重要组成部分，写作能力也是学生语文素养的综合体现。在语文学习中，许多学生都害怕写作文，“作文难，难于上青天”，用这句话来形容小学生害怕作文的心理一点也不夸张。许多语文老师也害怕教作文，不知如何引导才能提高学生的习作能力。“问渠那得清如许？为有源头活水来。”以“激趣·积累·练笔”促写，三管齐下，让习作水到渠成。

一、巧激趣，激发习作动机

《义务教育语文课程标准（2011年版）》指出：“写作教学应贴近学生实际，让学生易于动笔，乐于表达，应引导学生关注现实，热爱生活，积极向上，表达真情实感。”中央教育科学研究所研究员潘自由先生说过：“作文是言语交际中的一种书面表达，这种表达的起因，完全是出于一种需要。没有书面表达的需要，就不可能有书面表达。”所以说“兴趣是最好的老师”，要让学生走出怕作文的境地，就要把作文简单化，激发学生的写作兴趣，乐于表达，让学生认识到作文就像一部照相机，用来记录生活的点点滴滴；作文就像一把钥匙，可以开启封闭的心灵之窗；作文就像一首诗歌，能够表达自己的美好情意……

1. 情境激趣

创设情境，即通过语言渲染、视频播放、故事熏陶等手段有意识地创设一定的情境氛围感染学生。如写“第一次__________”，小学生喜欢听故事，教师可以跟学生讲自己第一次干活的故事，配合生动形象的语言描述、丰富的表情动作，让学生感受语言文字的魅力，懂得原来一件平常的事情，如果运用丰富的语言是可以牵动读者情绪的。

2. 活动激趣

开展活动能丰富学生的体验，触发学生的习作动机。根据习作的需要，教师可以组织开展丰富多彩的活动，如写“我最喜欢玩的游戏”这篇习作时，可以让学生自主进行游戏：老鹰抓小鸡、丢手绢、吹泡泡……学生们玩得兴高采烈，趁机让他们把玩的过程记录下来，这时学生就会兴趣盎然，跃跃欲试。平常还可以开展一些辩论赛、故事会、参观访问、踏春等活动，丰富学生的体验，激发习作兴趣。

3. 个性激趣

“一千个读者就有一千个哈姆雷特”。在阅读上教师要尊重学生的个性阅读，在写作上也同样如此。《义务教育语文课程标准（2011年版）》也指出：“为学生的自主写作提供有利条件和广阔空间，减少对学生写作的束缚，鼓励自由表达和有创意的表达。”因此在写作指导中，教师切忌把自己的思想、感情、构思等强加于学生，少些条条框框的限制，鼓励学生用自己的个性语言，自由抒发自己的情感，引导学生多角度地观察、多层次地思考、多形式地表达，不要千人一面、千篇一律。让学生拥有写作的自主权，激发习作兴趣。

4. 评价激趣

教师的评价语言是一门艺术，习作评价要多眉批，少总评；多具体，少空洞；多鼓励，少批评。小学生作为写作的初学者，教师要用心看他们的故事，用情感受他们的内心世界，用“放大镜”看他们的优点，情感中多理解和尊重，言语中多赞美和鼓励，让学生从老师的评语中体验写作的乐趣。比如，学生的作文写得不好，但字非常漂亮，你可以这样评价：“孩子，老师好喜欢你秀丽工整的字，如果你的习作内容能跟你的字一样漂亮，那就更完美了！”对学生的佳作还可以重点辅导，加以润色，鼓励投稿，用成功之作升华写作兴趣。

二、重积累，丰富习作素材

俗话说：“巧妇难为无米之炊。”小学生年龄较小，经历不多，知识尚浅，写作时缺乏素材，就难以写出好文章来。所以，教师要引导学生“找米下锅”，积累丰富的习作素材。

1. 广泛阅读，重视文本积累

俗话说：“读书破万卷，下笔如有神。”“熟读唐诗三百首，不会作诗也会吟。”阅读是写作的基础，厚积才能薄发。扩大阅读量是学生积累写作素材的重要途径。比如，在阅读课文中，熟读并背诵课文优美词句、段落是简单有效的方法。因为充足的词汇量可以给写作打下扎实的基础，就好比盖房子，词汇就是一块块砖头。到了中高年级，可以定期背诵成语、古诗词、美文佳句。同时教师还要引导学生进行广泛的课外阅读，鼓励学生树立大阅读观念，多读书，读好书，通过广泛阅读来加强自己的知识储备，丰富写作素材。

2. 走进生活，丰富习作源泉

叶圣陶先生说：“生活如泉源，文章为溪水，泉源丰富不枯竭，溪水自然活泼地流个不停。”要使学生乐于表达，易于动笔，就必须引导学生积极走进自然、亲近自然；走进生活，体验生活。如组织春游、秋游，鼓励学生多到家乡的美景胜地旅游，欣赏本地风光，感受自然之美，这样写景时就能信手拈来；茶余饭后走进社区，了解社区的新鲜事，积极参与社会实践活动，只有这样亲身经历了、体验了，所见所闻才会跃然于纸上。生活是多姿多彩的，只要引导学生热爱生活，走进生活，体验生活，从“四面八方”取材，作文就会有取之不尽的源头活水。

3. 利用多媒体，拓宽习作视野

在作文教学时，教师可根据习作要求运用现代信息技术手段，把学生平时不易看到的内容呈现在眼前，以生动的图、文、声、像拨动学生的心弦，将抽象的作文素材趣味化、直观化。还可以利用多媒体信息技术让学生了解新闻、时事、政史、地理等各方面的信息，增长见识，丰富阅历，开阔习作视野。

三、勤练笔，提升习作技能

俗话说“熟能生巧”，勤练笔可以为写作奠定坚实的基础。

1. 依托教材，随文练笔

在语文课堂教学中，找准阅读与写作之间的契合点，进行随文练笔。比如：①用“重点词”造句。课文中有很多重点词语，在理解的基础上可以引导学生造句，并鼓励学生从多个角度造句，不重复同学的句子，尽量把句子写得生动具体。②在“省略处”续写。课文常因表述需要而对某些内容有所省略，这些“留白”处往往言有尽而意无穷，是读写结合的最佳契合点，可让学生依据文意发挥想象，补充情节内容。比如，课文《庐山的云雾》第2自然段写庐山的云雾千姿百态，作者把它比作“帽子”“玉带”“大海”“天幕”，然后段末用了省略号，在教学时我引导学生充分发挥想象：庐山的云雾还可能像什么呢？学生想象丰富，所写内容精彩纷呈：“云雾被风一吹时，一簇一簇的就像仙女散花”“云雾缠绕山峰时，远看像一把把利剑插在山腰上”……这样练笔既加深了对“千姿百态”的理解，又巩固了比喻句式的写法，还培养了学生的想象力。③在“精彩处”仿写。语文教材中有很多文质兼美的文章，内含很多好词佳句、精彩语段，应让学生反复诵读，领会其写作方法，再学以致用地进行仿写，仿写是对语言文字的积累、内化和提升。如教学诗歌《山村的早晨》第4、5、6节时，我引导学生发挥想象，做个小诗人，仿写“__________走进画里来了，__________”句式，体验写诗的乐趣。学生“诗”路大开：“踢球的小弟弟走进画里来了，笑声在球场上回荡”。“买菜的奶奶走进画里来了，提着篮子漫步在乡间小道”……仿写练笔让全班同学都成了小诗人。④在“简略处”扩写。课文中一些比较简略、概括的地方，可以根据训练的需要进行扩展性的详写。如《我的伯父鲁迅先生》这篇课文中，有句话这样形容黄包车车夫，“饱经风霜的脸上现出难以忍受的痛苦”，教学时老师可引导学生扩写“饱经风霜的脸”是怎样的脸？这样练笔既加深了对词语“饱经风霜”的理解，又锻炼了学生的文笔。总之，读和写要紧密结合，相辅相成，以读促写，以写悟读。正如陶行知所说：“语文教材无非是个例子，凭这个例子要使学生能够举一反三，练成阅读和写作的熟练技巧。”

2. 勤写日记，随时练笔

写日记是一种良好的习惯，它贵在坚持。低年级学生可以写一两句话，高年级学生可以层次高些，写经历、感受、反思等。坚持写日记能够培养学生观察事物和分析问题的能力，能够丰富写作词汇和提高语言表达能力。学生每天把自己的所见所闻所感记录下来，久而久之，就能解决无话可说、无内容可写的问题，让孩子养成拿起笔来就写的习惯。写日记还能培养学生说真话、吐真情、表实意，让习作内容真实化，体现真作文的理念。

3. 重视修改，细处练笔

“文章不厌百回改，反复推敲佳句来”，好作文都是改出来的。《义务教育语文课程标准（2011年版）》也指出：“重视引导学生在自我修改和相互修改的过程中提高写作能力。”①引导学生“我笔改我文”。从错别字、措辞用句等方面自我修改。自我修改作文是自我发现问题、自我反思的过程，是对自己作文的理性认识，比写一遍要深刻得多。学生一旦养成了修改作文的好习惯，作文也就驾驭自如了，笔下也能妙笔生花了。②引导学生“互评作文”。学生在相互修改作文中学会欣赏别人，发现别人的优点和不足，取他人之长，补自己之短，这样互相帮助、互相启发，达到共同进步的目的。同时，“互评作文”可以做到人人参与，让学生在自主、合作、宽松的氛围中交流、探究，拓展了学生练笔的空间，能大大激发学生的习作热情，提高习作能力。

小学作文教学任重而道远，教师在习作教学中要不断探索创新，通过奏响“激发兴趣、积累素材、勤于练笔”三部曲，在习作中努力让学生有话可说、有物可写、有景可写、有感可发、有情可抒，让学生爱写、乐写、易写、善写。这样才能写出内容、写出个性、写出灵气、写出精彩，习作教学才能水到渠成，习作能力才能大力提高。

2017年5月
韩垂栋

核心素养下的作文教学

在长期的教学实践中，受传统教育思想影响，无论是教师还是家长，都对学生的习作情况始终处于不放手，实行满堂灌、套路化的教学模式，似乎这样才能让学生达到预期的目标。殊不知，在提倡素质教育的今天，这种教育教学策略实在不太切合实际，大大束缚了学生的思想个性，阻碍了学生充分发挥自身的潜力。因此，在近几年的习作教学中，我努力转变一贯的做法，把学生放在教学的"主体"地位——以人为本，充分让他们展示其自身的才能，提高他们的学习兴趣。变以前的被动学为主动学，呆板学为灵活学，苦学为乐学。正是有了这种思想做前提，我在习作教学中注重抓住阅读习惯培养作为突破口。经过反复实践，初见成效。

一、激发兴趣，提升动力

俗话说："巧妇难为无米之炊"。要写出一篇好的文章，必定要有足够的材料积累与良好的语感。所以，在指导学生写好一篇好文章前，不仅要关注写作技巧，更应多关注学生平时的阅读情况，让他们产生阅读的意愿，并品尝到阅读带来的快乐。唯有如此，学生才会乐于写作，才会有持续写作的源泉与各种要素。也只有如此，他们才会在兴趣和情感驱动下，主动去学习写作技能，主动去积累生活素材。

在考虑阅读质量的同时，要尽量结合学生的兴趣。毕竟，相对于游戏，阅读是一件比较枯燥的事情。如果不考虑学生的兴趣，而是一味按照教师的意愿去进行，最终只会沦为强迫性阅读，这就和培养阅读习惯的初衷背道而驰了。所以，在平时的教学中，可以结合课文教学的内容，留心观察学生的兴趣爱好，通过课上延伸到课下。在学习一些寓言故事时，如《掩耳盗铃》《画蛇添足》等，就可以引导他们课下阅读一些类似的读物，如《中华上下五千年》；在学习一些短篇小说时，如《少年闰土》，教师就可以引导喜欢的学生去读鲁迅的小说集。

二、培养习惯，善于积累

当前小学生的作文“假、大、空”现象突出，言中无物，毫无情感，普遍存在“套路写作”的行为，大多是在抄袭别人的思想。这个问题的出现，很大原因是作文的“原材料”积累不足，胸中“无竹”，自然写不出好的文章。

因此，为了避免出现类似的“套路作文”，教者需要多注重阅读习惯的引导，让他们将阅读当作生活中的一种自然、学习中的一种本能。比如，指导学生养成善于积累词句、写读书笔记的习惯，把喜欢的词句记在本子上，把阅读课外书的感受、想法及时批注、圈画。通过教师、家长的监督，他们将这些阅读的做法当作一种日常习惯，而读书笔记无须规定字数、格式，及时、清楚即可。

三、循序渐进，因材施教

小学生的阅读量很重要，它是习作水平的关键所在。阅读必须适合学生的年龄特征和知识水平，过深会挫伤积极性，过浅则容易浮躁。因此，在指导阅读时，必须遵循循序渐进的方针，给足耐心。对学困生，能用自己的话概括大意，便予以表扬、鼓励；对学习能力稍好的学生，能准确地理词断句，有一定的感情，或能用自己的理解较准确地谈文章的意义；对优秀学生提出更高的要求，要求他们能够品词释句，能从词句中体会作者的思想、感情。正是这样因材施教，久而久之，学生才能养成良好的阅读习惯，为写出好文章做准备。

四、读写结合，情感交融

“书读百遍，其义自见。”学生有了强大的阅读背景，就能做到“我手写我心”。一方面是加强阅读指导。课堂阅读指导的主要途径是通过读、悟、议来掌握知识和提高能力。紧扣课前导学案，放手让学生在读中悟，教师在课堂中相机引导、小结，这是自主阅读教学最基本的特征。另一方面是教学生学会“抄”——“天下文章一大抄，看你会抄不会抄”，这个“抄”不是抄袭，而是参考、借鉴，是一个提升写作水平的必由之路：通过文本培养学生的爱国情感，“抄”前人的思想；鼓励学生通过成语、诗词、修辞来提升文章的节奏感、美感，“抄”前人的文章，鼓励借用经典的词句、格式、表现手法，我们让学生在阅读时，将精彩词句积累起来为我所用。因而，读是基本，写是升华，读写结合是教学生写作技巧的一个重要方法，对提升写作能力是非常有效的。

以上从四个方面探讨了我在日常习作教学中进行阅读指导的做法。课外阅读对提升学生习作能力有着重要的意义，在实际教学中，我们应该树立正确的教学理念，鼓励和引导学生开展有效的课外阅读，积累素材、开阔视野、提升思维，有效地促进学生习作能力的提高。

2019年5月

韩垂栋

“四步”作文教学法

——核心素养理念下的作文教学

作文教学一直是小学教学的难点，也是痛点。很多学生平时讨厌作文、考试害怕作文，甚至很多老师也怕教作文。更有甚者，还编起顺口溜：“作文难，作文苦，写作如猛虎；心也累，笔也累，为伊消得人憔悴。”但是，面对当今日益激烈的国际竞争和纷繁复杂的国内外环境，该如何进一步整体提高国民素质，为我国构建社会主义强国提供坚实的基础？这是教育必须回答的问题，也是必须积极承担的社会责任。其中，核心素养下的语文教学是一个重大的人才培养战略课题，而关键的一环就是作文教学。

众所周知，教育部正式发布的核心素养：“以培养‘全面发展的人’为核心，分为文化基础、自主发展、社会参与三个方面，综合表现为人文底蕴、科学精神、学会学习、健康生活、责任担当、实践创新六大素养，具体细化为国家认同等十八个基本要点。”如何在作文教学中培养学生的核心素养，这是近年来我们学校进行的高年级语文科研课题。通过积极的尝试，我发现用以下四个步骤，可以让学生学习作文、学会作文、快乐作文、爱上作文。

一、源头活水让学生胸中有料

“读书破万卷，下笔如有神”，说的就是下笔之前必须先阅读。比如，书法家写字肯定是先读帖、背帖、练帖，做到胸中有字，才能“下笔如有神”，画家作画之前也必须成竹在胸。那么，如何才能让学生长期保持胸中有料呢？“为有源头活水来”才是关键。

1. 让学生爱上阅读

“学以为耕，文以为获”，这句话告诉我们没有读的“耕耘”，就不可能有写的“收获”。扩大阅读面，积累好素材是写作的第一步，但是面对诱人的手机游戏、抖音视频等，如何让学生爱上阅读就成了一个令人头痛的问题。我尝试为班上订了《南方日报》《人民日报》，这些报纸涵盖了要闻、经济、评论、文学等版块，内容贴合实际生活，遣词造句严谨，信息量大。我要求学生每天必须回答几个问题：你最喜欢哪一段话，为什么？重复最多的词是什么？报纸上有没有错别字？如此一来，为了完成作业，十几张报纸每个小组一张大家抢着看，家中有报纸的学生还提前在家先看报纸。同时，我还在班内设立图书角，定时到学校图书室更换图书，让学生把好字句好段落摘抄下来，每周必须检查。做得好的张贴在阅读之星栏目里，供全班同学学习欣赏。

2. 让学生爱上“说话”

“把所见所闻讲出来，是巩固记忆最好的方法。”我坚持每天让学生进行课前5分钟演讲，演讲内容可以是阅读报纸、书籍遇到的问题，可以是生活见闻，可以是课文的读后感。花2分钟小组内同学互相说，然后我随机抽出3名同学上台说。说得好的，给予红花奖励、考试加分奖励、免除当天作业奖励、免除本周清洁任务奖励等。一开始大家害怕被抽中，后来他们越来越喜欢被老师抽中，因为他们都希望获得奖励，表现欲越来越强。看着孩子们由害怕说话到抢着说话，口齿流利、思路清晰，我暗自欢喜。

事实证明，通过阅读和说话训练，不仅增加了学生的知识面，还提高了学生的胸怀和远见，他们的写作不知不觉就加进了爱国情感和对国家民族的思考，这些都是他们自己在一天天的品读中习得的，不是老师硬性灌输的，是极为珍贵的思想源泉。

二、模仿创新让学生下笔成文

模仿一直是人类学习的第一步，只有先在模仿中学会技能、熟悉技能，才能谈及创新。学走路如此，学游泳如此，学汽车驾驶如此，学写作同样如此。“阅读是理论积累，写作是实战演习。”

1. 向别人“借刀”，模仿优秀文章

学生写作时容易脱离实际，生编硬套，字词不够废话凑，不少同学成为挤牙膏式的“吐字困难户”。如何改变这种现状呢？我尝试让学生选择自己喜欢的文章，模仿范文把另一件东西或事物写出来。比如，罗诗斌的《母亲的四季》写得很好，用诗一般的语言写母亲劳动、收获，对儿女的关怀；学生小文用同样的笔法写成了《我的外婆》：“清晨，鸟鸣阵阵，露珠闪光。屋檐下的老狗耷拉着脑袋。外婆成了柚树河的第一缕波光，坚韧地追赶太阳的脚步，一滴滴清澈的河水喂养出一串串饱满的谷子，喂养一群儿女成长。”字字句句饱含深情，令人耳目一新。模仿既降低了学习的难度，又收到了明显的效果。

2. 换一种说法，开拓创新世界

初学写作，我们提倡模仿和借鉴范文，但不能一味地模仿，创新才是关键。教学中，我提倡“换一种说法开拓创新”。什么叫“换一种说法”？比如，在教学中，我出示一个例子：“东东哭了。”要求学生换一种说法。经过一番思考，他们的说法多种多样，有的换成：“东东眼睛一闭，掉出几个亮闪闪的水晶钻。”有的是：“东东站在客厅里，他瞅向奶奶，奶奶在织毛衣；委屈地看向爷爷，爷爷在喂金鱼；再向爸爸妈妈求救，爸爸在看报纸，妈妈在拖地板。他们都各忙各的，好像忘记了东东的委屈。此时的东东伤心极了，他的眼睛眨呀眨，鼻子一酸，泪水就出来了。突然，他嘴一张，‘哇’地哭出声来。泪水像两帘小瀑布顺着脸颊往下挂。他一屁股坐在地板，挥舞着小手臂，扭着身子摆着腿，大声哭嚷道：‘你们都不是好孩子，都是大坏蛋。’”瞧，把东东哭的样子、动作、言语都活灵活现地写了出来，读了真有身临其境之感。我表扬该学生变换得惟妙惟肖，让他在班上念出来。这样，学生慢慢爱上了换一种说法的作文课，逐步消除了厌烦心理。

三、观察记录让学生积累运用

爱默生说：“细节在于观察，成功在于积累。”留心处处皆学问，积累处处皆文章。茅盾也说：“应当时时刻刻身边有一支铅笔和一本草簿，把你所见所闻及所感随时记下来。”在自己的生活领域内，面对五彩缤纷的大千世界，随时随地留心观察，然后记录下来，是写好作文的又一关键。

1. 观察写出细节

著名作家叶圣陶先生对此曾强调：“在实际生活里养成精密观察和仔细认识的习惯，是一种准备功夫，不写文章，这样的习惯也得养成。如果养成了，对于写文章大有用处。”记得在讲观察的重要性之前，我布置了一个作文任务：记一个清洁工人的工作场景。要求学生利用一个星期的时间完成。通过一周的准备，他们写得都不错，很多还写得具体且生动，写出了细节。我表扬了他们，然后提出一个问题："如果这是一道考场作文——记一个××人的工作场景，你没有时间观察怎么办？老师也不能叫一个人到你考试的教室里给你看吧？那应该怎样做才能写得生动具体呢？请大家讨论讨论并回答老师。"通过认真的讨论，他们纷纷举手回答，"现场看不见，只好写一个熟悉的人。""平时就留心观察好，考试才有得可写。"我会心地笑了，他们通过讨论得出结论，且是自己提出来需要平时留心观察，真是再好不过的事情。

2. 积累提高水平

"好记性不如烂笔头。"我要求学生把每天印象最深刻的见闻用笔记下来。但由于他们的课外时间常常很有限，天天写整篇文章会"心有余而力不足"，会成为一种压力而日久必生厌。因此我让他们写片段、写日记、写感想、做记录。这样，他们不仅可以释放紧张的学习压力，还可以得到一种精神享受和乐趣，最主要的是如此积累下来可以大大提高写作水平。

四、心有真情让学生快乐作文

"文章以情动人，音乐以旋律动人。"其实，无论是文章、音乐，还是戏剧、电影，甚至所有的文艺作品，都是唯有真情才能动人，唯有真情才能恒久远。

1. 注重文中的真情

好文章必定是以情动人，写出真情是关键。教学较有感情的文章，我都有意识地让学生体会情感，培养他们的读写感悟。《梅花魂》中的"船快开了，妈妈只好狠下心来，拉着我登上大客轮。想不到泪眼蒙眬的外祖父也随着上了船，递给我一块手绢……"《背影》中的一段话："……他肥胖的身子向左微倾，显出努力的样子，这时我看见他的背影，我的泪很快地流下来了。我赶紧拭干了泪。怕他看见，也怕别人看见。"教学时，我往往更多地让学生默读内容，想象画面，然后让他们告诉老师，你为什么会感动？答案是因为有真情在，证明写文章真情特别重要。那么，你写一个自己最感动的事件，老师要是被你感动了，就把你的文章发表在校报《萌芽》上。结果我们班承包了当期校报的两个版面，文章一经推出，校内外众多读者纷纷为我们班学生的真情作文点赞，好评如潮，大大激发了同学们的写作热情。

2. 注重首尾的精彩

文章写出真情，除了体现在文中外，还要求体现在文章的开头和结尾。开头有新意，有感情导入可以引人入胜，结尾情感真切可以达到主旨升华，令人回味无穷的效果。

我让学生写好文章后，把开头和结尾融入情感，尝试用几个版本，体会不同效果。比如，写“我爱我家”的作文时，我选了几个精彩的开头用PPT展示出来：“远去的飞鸟，永恒的牵挂是故林；奔波的旅人，无论匆匆夜归还是离家远去，心中千丝万缕、时时惦念的地方还是家。”“每当独自一人，最思念的还是亲人，每当累的时候，最想回到的还是妈妈的怀抱。”“幸福是果农望着枝头果实的满脸喜色，幸福是领奖台上运动员仰望国旗冉冉升起时的莹莹泪光，幸福是从母亲手中接过的饭碗。”让他们品，然后让他们经常练习，把开头和结尾重新修改。此举往往可以达到事半功倍的惊人效果。

要提高学生的写作水平，并非一蹴而就，而是需要通过持久发力、久久为功才能实现。同时，核心素养的培养也不是一朝一夕就可以成功。实践证明，通过阅读练说、模仿创新、观察记录，加上真情实感，可以让作文教学与核心素养擦出耀眼的火花，可以让学生爱上作文、快乐作文。

2019年11月
韩垂栋

参考文献

[1] 张长亮，汪溪.核心素养视野下作文教学的新思路[J].教育与教学研究，2016（11）.

[2] 张国蓉.基于核心素养视野下的小学作文教学研究[J].新课程（小学），2018（6）.

[3] 杨向东.核心素养与我国基础教育课程改革的关系[J].人民教育，2016（19）.

提升语文核心素养的教学策略

语文核心素养主要包含了“语言构建与运用”“思维发展与提升”“审美鉴赏能力与提升”“文化传承与发展”四个方面。随着新课标与新课程在基础教育中的纵深发展，小学语文的教育越来越重视“语言构建与运用”，注重文字与学生实际情况的深度融合发展，更好地培养学生的语言掌握能力与运用能力，增强语文教学的生活属性，强化最终学习知识的生活转化。文字是厘清学生思维，重点把握主线，集中升华的重要手段，重视文字的有效运用，把握教学内容，提升内容精髓是满足学生多元化需求的重要手段。基于小学生特殊的年龄阶段，对于语文知识的理解更多源于生活化的情境层面，强化语言文字的把握，重视语言文字的场景化打造是新时期小学语文教学改革与创新的重要方向。因此把握文字语言信息，增强语文教学的有效性，是构建语文核心素养的必然途径。将语言文字与语文教学深度融合，统筹推进语文教学的发展与进步是不断满足学生日益增长的语文知识需求的重要途径。

结合教学实践与学生的个性发展特点，浅谈语言文字在小学语文教学中运用的策略。

一、创设语言情境，加深语言理解

从当前小学生的语言理解阶段来看，很多小学生对语言文字的理解都处于不认识的字词层面，对语言文字深层次的理解还比较模糊。例如，语法的运用、语言风格的情感认知等都比较模糊。将抽象的语言文字情境化，发展为能够直接理解的文本信息，进一步加深学生对语文知识的理解，促进学生情感认知的提升。从多年的教学实践来看，教材资源是小学生在学习中获取有效情感认知的重要载体与基本来源，是小学语文教学与实践的基础。将语言文字向情境化转换，挖掘语文教材中的资源，创设教学情境，直接将学生的语言感知能力纳入情境教学中去，能够增强学生的语文综合素养。

例如，在教学《灵隐题联》一课时，我采取多媒体导读的方式让学生初步掌握基本的文字信息，通过师生共同朗读的方式，进一步加深学生对文本的理解。利用多媒体技术将现有的语言文字统筹起来，转化为声响资料，帮助学生理解语文课文中文字表达的意境。同时将趣味小游戏纳入语言文字的情境中去。设定课堂游戏区域，将文本中涉及的苏轼、方丈等文本主体纳入课堂表演中，通过学生扮演的方式将文章中的对话信息转化成课堂现场表演，让学生去演绎苏轼对方丈前倨后恭的态度变化的讽刺。通过此种文字信息层层深入与课堂情景表演相结合的方式，直接增强教学的体验性。

将语言情境创设与语言文字的运用有机结合，立足于学生的特点有针对性地实施课堂教学，将学生的童趣与语言表演结合起来，不仅增添了语文教学的趣味性，还直接强化了语言文字的课堂运用，增强了学生对文字信息的掌握，把握了文字信息的情感。有效地将课堂表演、方丈前倨后恭的态度变化等统筹起来，将单纯的文字转化为趣味性教学，加深学生对文字信息的掌握。在教学中，应用多媒体教学创设情境，直观、形象地加深对语言的理解。

二、激活教学思维，提高感知能力

语文是用于交际的重要学科与知识，是实现生活感悟、社会认知和人生感悟的重要学科。所有的知识来源都是生活实践，为了保障学生的学习效率，语文教学必须重视学生的思维，将文字信息转化为学生的感知能力。将教材与生活有机结合，借助现代技术，将文本信息中的文字与现实感知信息有机地结合起来，将学生的真实感悟纳入情境化教学实践中来，帮助学生更好地理解语文知识的内涵，从而实现有效教学的根本目的。

例如，在《趣味相声》的阅读教学中，我利用多媒体设置了几场相声。兴趣是最好的老师，当学生听读完课文后，对相声产生了浓厚的兴趣，这是采用了欲擒故纵的方法，学生的学习积极性被充分调动了起来。相声，对于三年级学生来说并不陌生，但真正学习还是第一次，《趣味相声》让学生了解了我国文化艺术中的瑰宝之一——相声，感受它的诙谐幽默，热爱我国的传统艺术——相声，并培养学生的表演能力。

将现代信息技术运用到小学语文的教学中去，转化文字信息，能够直接增强语文教学的感知性，将单纯的文字信息与阅读场景、生活情景结合起来，不仅能够升华学生的情感因素，还能帮助学生体会文本信息中的情感把握，进一步增强学生感知生活的能力。因此，教师在小学语文教学中必须重视自身综合能力建设，提高自身的综合素养，增强多种技术运用的能力，营造良好的阅读教学氛围，促进学生语文综合能力提升。

三、把握文字主线，提升整体思维

爱因斯坦说：“兴趣是最好的老师。”对于小学阶段的学生来讲，将兴趣、感知力和文字主线相结合，是有效的教学方式。文化源于生活，反作用于生活。语文教学不能仅仅停留在文本信息和文字语言层面，还应该挖掘深层次的内涵，以此来反作用于阅读内涵。核心素养背景下要求学生具备文化传承与文化创新能力，通过教师的综合引领，高度的总结概括，可以进一步升华文字信息带来的阅读魅力。

例如，在小学三年级“关爱”的阅读教学中，应重点挖掘爱在生活中的体现，而非仅仅局限于课本内容，帮助学生树立正确的“爱人、感恩”观念，这就必须发挥教师的引领作用。教师是阅读的引导者，是帮助学生理解和阅读的助手，在本单元的阅读教学中，我抓住时机，让学生充分彰显自身的主观意见，体会到文章内涵之后开始升华。在教学《倾斜的伞》一课时，我帮助学生理解文章的内涵，将亲人之间的关爱情愫向生活化发展，让学生深刻感受到爱就在我们身边，在我们点点滴滴的生活中。我们应该常怀一颗感恩之心去理解长辈、父母给予自己的一切，进而帮助学生在内心深处形成敬老、孝老的中华传统美德，弘扬中华民族的传统文化。

基于学生已经具备一定的情感认知，在教学《倾斜的伞》时，将文中的文字主线与情感因素深度融合，通过教师引领把握主线的模式提升小学生的情感认知，深入理解爱的无私，把握生活中的幸福。同时进一步深化母爱的内涵，将中华传统文化与爱深度融合，进一步提升了语文教学的内涵。

四、挖掘文字资源，拓展实践空间

语文的外延与生活的外延是相等的，文字是人们表达生活情感的工具，当人们在生活中具备了一定的情感认知，常会运用文字的方式将自身的感悟表达出来。来源于生活的文字信息将其转换成生活场景的时候，能够有效地促进语言文字在学生心中转化。小学生对于文字的感悟大多是源于生活的发展，其依赖于生活的模式是发展中必备的信息基础。强化信息转化与生活实际相结合，是教育教学发展的重要手段。

例如，在教学《曹冲称象》一课时，我将课文的部分内容与实验结合起来。尽管文章中的信息已是通俗易懂，但是对于生活经验并不丰富的小学生来讲却很难体会到文字信息背后的理论。将语文知识迁移运用到生活实践中去是语文教学的重点，亦是难点。那么，怎样有效地将文本中的信息巧妙地搬进课堂？实验就可以让文本信息在课堂上淋漓尽致地呈现。课前我要准备好天平、小船、大石块与小石头等道具。将大石块放在自制的纸船中，模拟曹冲称象的方式，将大石块与小石头等量称重，最后运用天平得出重量。最终的实验以老师动手演示、学生小组合作的方式完成，将生活中存在的画面通过实验的方式动态地展现出来，将书本中的文字信息转化成动态的实验，学生积极主动地参与到动手实验过程中来，将静止不动的文字转化成有声有色的实验课堂画面。此时，没有烦琐的因果关系，只有文字信息与实验画面的成果，只有充满乐趣的小组合作实验和观察，从而真正感受到文字信息的魅力。

文本信息本身就源于生活，生活是语文知识的宝库，离开生活单纯存在的信息活动是不存在的，生活就是语文教学最好的导师。从不同的角度，运用不同的方式帮助学生理解生活中常见的理论现象，将书本中的文本信息转化成生活实践，直接增强理论知识的来源，强化语文学习的本源。在教学中应大力挖掘文字资源，拓展实践空间。

五、重视教学效果，强化运用能力

将语文知识运用到解决生活实际问题是教学的根本目的，坚持运用为基础是语文教学最根本的目标。强化语言文字在语文课堂教学中的运用，最终必须通过课堂练习、课后评价的方式来增强学生的运用能力。课堂教学是引导学生语言文字运用的主渠道，科学的教学策略和教学方式有助于提高学生的主体性，促进学生主动地、自主地学习探究，能有效优化学生的学习行为，激发学生积极的学习情感与态度，从而更好地落实新课程的发展性教育培养目标，推动素质教育进一步实施与发展。

例如，在语文教学中，我始终坚持课堂运用和家长评价相结合的方式，在课堂教学引导实施后创设学生练习环节，以小组合作练习、课堂展现的方式明确学生语文知识的掌握程度。同时坚持将家长的评价统筹到学生的语言运用中去，进一步掌握学生在课后练习中的掌握程度，不断改进教学方法和教学手段，推动学生语文核心素养的提升。在教学实践中，我能深入挖掘教材，探索教学内容，适当增加课外阅读的内容，让学生走出课堂，在学生充分感知的基础上，如何再现生活，促进学生观察生活、体验生活，并最终回归生活，引导学生更好地懂得生活，学会生活，从而促进语文素养的提升，最终让学生全面健康地成长。例如，在学习《揠苗助长》一课，明白了“揠苗助长”的意思后，我结合生活实际给学生讲了一些当前的社会现象：生活中可以说有的家长不停地为自己的孩子报培训班，找家教来补课之类的，这样对孩子不但没有成效，反而让孩子更加厌学，甚至压力过大导致不堪设想的后果。又如，课外让学生阅读《惊弓之鸟》，明白了“惊弓之鸟”的词义后，我接着设置了一个生活情境：一个逃犯东躲西藏，亡命天涯，每当见到警察路过或是听到警笛声，都会吓得浑身发抖。那么，我们可以用什么词来形容这个逃犯呢？你有没有遇到过一见到或是一听到就害怕的事呢？（打针、吃药、考试等）也用上“惊弓之鸟”说一说。除了“惊弓之鸟”，还能用什么词来形容这样的心情呢？（杯弓蛇影、草木皆兵、风声鹤唳、一朝被蛇咬十年怕井绳等）

综合运用课堂语言练习和课后效果评价的方式，强化学生在语文课堂教学中掌握的实际情况，是新时期教育发展与教育改革背景下提高语文教学实效的重要途径。从课堂教学入手，运用课堂这一载体，对学生进行生活化的教育，不仅有效地提高学生的语言文字运用能力，提升学习品质，而且能使学生的自主精神、创新意识、实践能力得到培养和提高，促进学生的全面发展。

语文源于生活，生活源于实践。小学生相对抽象的思维理念要求教师在教学中必须重视语文信息的提升，重视语言文字与生活实践相结合，重视信息的转化，不断增强小学生的理解能力，这样才能保障小学生学习语文知识的能力转化为解决生活实际的能力，促进教育教学不断发展与进步，逐步提升小学生的综合素养。在小学语文教学中，必须根据学生的实际情况与心理发展特点，重视语言文字的场景化打造，把握文字内涵，进一步促进语文知识内化于小学生心中，不断提升学生将语文知识生活化转换的能力。

2018年10月

韩垂栋

参考文献

[1] 田静.小学语文教学中加强语言文字运用能力的具体方法[J].小学生作文辅导（上旬），2018（10）.

[2] 张志伟.浅议小学语文教学中的语言文字运用[J].河南教育（基教版），2017（7）.

小学语文学科教学质量提升策略研究

语文是小学阶段学生必修的一门学科。作为一名小学语文教师，应当积极探索优化与提升语文学科教学质量的措施及方式方法。我在语文教学实践活动中进行了大量探索，现从“生活化理念”“趣味化理念”和“情境化理念”三种教学理念的运用入手，针对有效提升自身语文学科教学质量的切实可行的教学方法进行探讨，旨在以个人见解抛砖引玉，引发更多小学语文教育工作者的共鸣，推动大家都能采用科学的教育教学方法高效组织语文教学活动，以确保语文学科合理组织与开展的同时，让学生都能获得良好的发展。

一、引入生活化理念，提升小学语文学科教学质量

小学语文教师在语文教学实践中应当积极引入生活化的教育理念，即挖掘学生生活中所蕴含的语文教育资源并在语文教学实践中加以灵活运用。这样既能为学生创设一种亲切熟悉的学习氛围，从而调动他们的语文学习兴趣，还能为学生提供一个真实的生活情境，促进学生将所学知识运用于这一情境中去理解、去运用，进而提升自身的实践运用能力，这一举多得的良好教学效果正是小学语文学科教学质量得以提升的有力证明。例如，在某次语文课上，我为学生展示了众多生活中常见的广告词，像药品广告为“咳不容缓”、山地车广告为“骑乐无穷”、眼镜广告为“一明惊人”、驱蚊器广告为“默默无蚊”、透明胶带广告为“无可替带”等。随后，我鼓励学生根据所学到的语文知识挑出这些广告中的错别字并进行改正。这一任务的布置可谓在学生的生活实践与语文学习之间建立起了极为密切的联系，在推动学生积极参与“找碴儿”学习任务的过程中，让他们把所学的语文汉字知识进行了灵活运用，同时更使他们形成了一个重要的认识，即每一个汉字都有它的运用规律，我们要写正确的汉字。如此，学生既复习了汉字知识，又养成了

端正的汉字书写观念，语文识字教学的质量得以保障。再如，在平时的语文写作教学中，我有意识地引导学生积极挖掘生活中可用的写作资源，并将其写到自己的作文之中。如在以“我最难忘的一件事”为主题的写作教学活动中，学生认真思考日常生活中对自己影响最深刻的事情，由于每个人都有不同的生活经历，他们所想到的内容也有极大的不同。有的学生想起了国庆阅兵期间自己在电视上看到的阅兵场面，接受检阅的战士们迈着整齐的步伐走出了恢宏的气势；有的学生想起了自己某次跟妈妈一起回老家，看到姥姥家种的辣椒又红又小，便摘着吃了一个，没想到这一品种的辣椒特别辣，当时辣得自己都说不出话来了，嘴唇更是像着了火一般，感觉变得又厚又麻木……从生活实际出发，学生的写作素材与资源得以丰富和扩充，而且其写出来的文章也变得切合生活，富有真情实感，文章质量也能因此得到显著提升与优化。引入生活化理念对提升小学语文学科教学质量的价值有目共睹。

二、引入趣味化理念，提升小学语文学科教学质量

小学语文教师可以结合实际情况适当引入趣味化的理念，即结合所学语文内容灵活组织一些趣味化的语文教学活动，以此为学生营造一种有趣的学习氛围，促使他们对语文学习产生热情，并在积极参与、全身心投入的过程中，切实提升他们的语文学习效果，可以说，趣味化理念也是提升小学语文学科教学质量的一个重要切入点。例如，在教学《狐假虎威》这一寓言故事的时候，我除了带领学生学习其中的生字词外，还特意带领学生进行了一次情景表演的活动。有的学生扮演正在寻找食物的老虎，有的学生扮演被老虎逮住的狐狸，还有的学生扮演森林里的野猪、小鹿、黄羊、兔子，等等。正在寻找食物的老虎发现了从自己身边蹿过的狐狸，送上门的食物让饥饿的老虎迫不及待地想要吃掉这只狐狸。就在危急时刻，狐狸眼珠一转，计上心来，只听它问老虎：“你敢吃我？”看到狐狸不但不怕死，竟然还质问自己，老虎也愣住了，脱口而出：“为什么不敢？”……在惟妙惟肖的表演过程中，学生不但有效梳理了整个寓言故事的发展脉络，而且对里面各个角色的表情、心理、动作等细节有了细致的认识与了解，因此，他们很容易就能理解森林里的百兽并不是怕狐狸，而是害怕狐狸后面跟着的凶恶的老虎，而狐狸就是仗着老虎的威风才把百兽吓跑的。如此一来，《狐假虎威》这则寓言故事的主旨内容就很好地被学生理解与吸收了。相较于教师直接告诉学生

寓言故事中心思想的做法，趣味化的情景表演活动让学生玩得尽兴，同时收获了深刻的知识，这便是恰当运用趣味化理念，提升小学语文学科教学质量的优势所在。小学语文教材中的内容通常较为简单，适合学生进行情景表演，为此，教师可以从实际情况出发引导学生进行合理的课堂表演活动，以让他们在有趣的氛围中学习语文知识、学好语文知识。

三、引入情境化理念，提升小学语文学科教学质量

所谓情境化理念，即指教师立足于教学内容的实际情况为学生创设适宜的情境，促使他们在该情境中产生强烈的学习热情与积极性，进而更快、更好地理解所学知识的一种教学理念。大量的教育实践也充分表明了合理运用情境化理念可以大大提升实际学科教学质量。对此，我深有感触。例如，在教学《富饶的西沙群岛》这一课的时候，我便借助现代信息技术为学生展示了一幅幅真实的西沙群岛的图片，这就为学生创设了一种直观化的学习情境，促使他们在该情境中直观地看到西沙群岛的海、岩石、珊瑚、鱼、贝壳、鸟等。这样一来，原本出现在教材上死板的文字便像一幅幅画一样生动地呈现在学生眼前，学生在内心深处大大增强了对西沙群岛的热爱与向往之情。很显然，这便是《富饶的西沙群岛》这一课文的教学重难点所在。由此我们可以看出，引入情境化理念，创设适宜的语文教学情境，让学生的语文学习活动变得更加轻松、简单、有效，这便有利于小学语文学科教学质量的提升。引入情境化理念提升小学语文学科教学质量的可行性得到了充分证明。再如，在教学《观潮》时，我配着音乐，在语文课堂上声情并茂地朗读了这一课文。在我朗读的时候，学生仿佛穿越时空来到钱塘江边亲眼目睹了钱塘江涨潮与落潮的整个过程，感受到了其恢宏的气势，学生也很容易被其所折服，从而使得他们对《观潮》这一课文中所蕴含的作者感情形成更为深刻的认知与理解。这是借用声音为学生创设良好的情境，从而优化小学语文教学效果的实践。总而言之，教师应当立足语文教学实际情况，认真分析学生的语文学习需求，灵活采用多种新颖、先进的教育教学理念，这样才能在丰富语文学科教学形式与手段的同时，大大提升该学科的教学效率及质量，进而促进学生的进步与发展。

2020年8月

韩垂栋

聚焦读写　提升素养

“读写结合”是阅读与写作的结合，是语文新课标倡导的一种教学理念，是提高学生语文实践能力的一种基本手段。通过读写训练，可以达到以读促写、以写促读，提高学生语文感悟能力和表达能力的目的。在语文教学中，阅读是作文的基础，阅读好比蜜蜂采花，作文好像蜜蜂酿蜜。所谓“劳于读书，逸于作文”“读书破万卷，下笔如有神”，便是告诉我们读和写是相辅相成的。如果我们将阅读教学和习作练笔巧妙地结合起来，就会相得益彰，更好地提高语文教学的实效性，更好地提高学生的语文素养。

那么，如何在课堂教学中落实“读写结合”，切实做到简简单单教语文，扎扎实实学语文呢？其实，新教材所选的文章都是一些极好的范文，甚至有一些经典文章，在思想教育、题材选取、体裁安排、布局谋篇、遣词造句等方面，无不匠心独运，是学生模仿习作的典范。教学中，如果我们把阅读教学与学生的练笔紧密联系起来，根据教材特点，精心选择读写结合点，给学生提供有效借鉴的对象和创造的依据，及时有效地进行模仿和创造性练笔，这样，对于提高学生的作文水平是很有作用的。下面我结合自己在阅读教学中渗透作文指导的实践谈几点体会。

一、走进文本，丰富词句，提升素养

古人说，“书读百遍，其义自见”“熟读唐诗三百首，不会作诗也会吟”，这些都说明一个道理：只要你多看书、多读书，对你写作文有一定的好处。但是所谓“眼过千遍，不如手抄一遍”，摘抄有利于积累资料、丰富知识、提高写作水平。读书时发现有价值的资料把它摘抄下来，日积月累，将是一份宝贵的知识财富。我一直告诫自己的学生，好记性不如烂笔头。别人好的东西，我们一定要记下来。所以，我提倡学生在读书的时候做摘抄，把书中的好词好句拿来为我所用。而且，每篇课文学完之后，我会从教师的角度给学生指出一些比较好的词语、句子和段落，要求学生背诵，并且有意识地在写话和作文中进行运用。

如教学《春天的小雨滴滴滴》一课时，不但让学生积累课文中描写春雨的好句："下了春雨，春天就来了。我喜欢春雨，它在树林里演奏，在大地上播种……"还拓展积累描写春天的词语：花红柳绿、春色满园、鸟语花香……精彩的语句："你听，春天不就是一首歌吗？她正拨动着我们的心弦呢！你瞧，春天不就是一本书吗？她正牵动着我们着迷的目光呢！……"从课内到课外的积累，丰富了孩子们的词库，为孩子们的习作打下坚实的基础。

再如，教学《锡林郭勒大草原》一课时，文本中大量优美的语句让人如临其境地感受大草原别样的风采。如描写花的语句："草丛中开满了各种各样的野花。鲜红的山丹丹花，粉红的牵牛花……"在教学中，我不但让学生边读边欣赏，还让学生边摘抄边背诵。同时，在教学本单元的习作"描写一处景物"时，教会学生运用积累的好词好句，让学生真正学会恰到好处地运用好词好句，达到提升学生语言文字运用的能力。

二、咀嚼文本，优化构段，提升素养

茅盾先生说过："第一步，模仿又是学习的最初形式。"高尔基也说过，对初学写作者来说，不在读书和模仿中写些什么，就很难有什么创造。可见仿写对于提高写作水平具有重要意义。既然课文为学生提供了很多仿写的资源，我们就应该充分利用它。需要指出的是，仿写不是抄袭，也不是生吞活剥式的搬用。它要在读懂值得模仿的作品、认清其超越自己的佳处、领会其精神和风格的基础上有选择地"拿来"。如郭沫若所说，"于无法之中求得法，有法之后求其化"，这才是我们提倡的仿写。它是作者模仿某些范文的立意、构思、布局谋篇或表现手法，进行作文的一种写作训练方法。可分为全仿和点仿。点仿又分为仿写句子、仿写段落、仿写顺序、仿写结构等。有的文章词句优美，可以指导学生积累词语并学习遣词造句；有的课文粗读起来，觉得很普通，但如果细细品味，就会发现有些词语用得非常生动、富有表现力，去掉不行，用其他词替代也不行。在教学中，教师就要抓准这些词句引导学生品析、感悟。这样做不仅能够加深学生对文章内容的理解，通过这样的仿写训练能更好地提高学生的写作素养。

如《怒吼吧，黄河》一文的教学中，当学习光未然为大家朗诵他刚写完的《黄河大合唱》歌词"他的声音时而铿锵有力，充满激情，如同喷薄而出的朝阳；时而低回婉转，无比哀伤，如同……"后，在读悟的基础上学生用四个"时而……如同……"仿写一组排比句。通过仿写练习，不但可以更透彻地理解这组排比句用词的准确，还让学生体会到《黄河大合唱》歌词表达的含义，学生的情感熏陶更进一层。

再如，教学《理想的风筝》一文时，课文运用了倒叙的写法，开头作者看别人放风筝引起对刘老师的回忆；接着写三十年前刘老师上课和放风筝的情景；结尾作者又回到了现实，表达对刘老师的怀念之情。厘清这篇课文的写作方法后，我让学生模仿这种写作方法，进行"我的童年"这一习作训练。这种仿写训练不但让学生掌握了写作技巧，更使他们的写作水平不断提高。这样，在读写结合训练中有效地提升了学生的语文素养。

三、炼化文本，拓展表达，提升素养

在学生有了一定的阅读积累，掌握了较多的写作方法后，就适合拓展练习。比如，有些课文重记叙，轻描写，语言简洁，给学生以很大的想象空间。教师在阅读教学时可引导学生合理想象，进行练笔。不仅能丰富学生的想象力，提高学生的表达能力，而且能帮助学生深入理解课文，激发学生的创作欲望。

如教学《走一步再走一步》一课时，该文的结尾是这样设置的，孩子的爸爸来了，引导孩子一步一步走下了悬崖。而我却引导学生们试想一下，如果"我"的父亲没来，"我"一个人留在悬崖上会怎么办？我让学生充分发挥想象说一说、写一写，不但抓住一次很好的练笔机会，同时也培养了学生的逻辑推理能力。

再如，教学《烟台的海》一课时，先引领学生发现文本的整体结构是抓住烟台的海一年四季的不同特点来组织成文，然后引导学生发现每一个季节的构段方式都是"先写海，再写人"。师生一起寻找可以模仿课文写作的素材，很快就把目光聚焦到平远的美上，一下子有了新的写作素材，又有了可以模仿的构段方式，习作就成了小菜一碟。我们先一起尝试写一个小小的片段——《平远的春天》，由此推及平远的夏天、秋天和冬天三个片段，将四个片段有机整合，就成了一篇优美的写景文。

总之，语文教学要在不加重学生学习负担的前提下，凭借教材，找准读写结合点，运用多种形式，开展扎扎实实的读写训练，并围绕结合点完成阅读教学理解文章的内容与感悟作者的表达两个过程。这种结合，相信能为学生的写作打下扎实的基础。朱作仁先生说得好，读写结合是一座“富矿”，相信只要我们不断开掘，它定会为我们的语文教学注入勃勃生机，让提升学生的语文素养在读写结合中水到渠成。

2018年9月

韩垂栋

核心素养背景下思维导图在小学语文作文教学中的运用

随着素质教育的深入开展，“语文核心素养”这一概念越来越深入人心。语文核心素养是指学生在学习过程中，能够利用所学的知识，自己进行思考，从而形成对语文学科的学习能力。语文核心素养包括四个方面，即“学习方法”“语言应用”“审美规律”“传承文化”。而在小学语文教学中，写作是一个重要板块，由于学生年龄尚小，生活经验和素材积累不够丰富，思维不够连贯，使得写作教学中经常出现学生“不想写、没话写、不会写”，写出来的作文结构不够完整、文章没有层次感、表达不够清楚等。思维导图这一工具能在很大程度上帮助师生解决这些难题。本文将结合一些教学经验，简要探讨核心素养背景下思维导图在小学语文写作教学中运用的策略和意义。

一、核心素养下思维导图在写作教学中运用的策略

1. 运用思维导图帮助学生确定选材

学生面对作文的第一个难题就是“写什么”。在写作教学中，教师可以引导学生用思维导图来解决“写什么”的难题。以部编版语文教材四年级下册第六单元习作“我学会了”为例，面对这个题目，学生脑海中可能会浮现出比较多的生活场景，教师可以指导学生用树状图，每根“树枝”上写一件自己学会了的事情。再仔细观察自己画好的图，选取自己印象最深、最有话可写的事情，确定好选材。这样可以在较短的时间内解决学生面对写作磨磨蹭蹭、无从下笔的问题。

2. 运用思维导图帮助学生搭建文章框架结构

在写作教学中，教师应引导学生有整体结构的思维，如叙述一件事要完

整，要有开头（起因）、经过、结果，文章要有层次感，思路要清晰，各部分表达要完整。运用思维导图可以使学生对自己要写的文章脉络有清楚的把握。以部编版语文四年级下册第二单元“我的奇思妙想”为例，教材中已经有一个“会飞的木屋”的思维导图的例子，引导学生用类似的图把自己想要发明的物品的样子、功能等一一列出来，这样，学生对自己要写的作文结构便一目了然，写作思路清晰，文章就很容易写得完整、有层次。

3. 运用思维导图帮助学生完善文章细节

一篇文章的亮点往往是一些生动、传神的细节描写，如活灵活现的外貌描写、真实细腻的心理描写、精准传神的动作描写等，真实有效的细节描写有助于推动故事情节、有利于人物的塑造和情感的表达。在细节描写方面，也可以引导学生用思维导图来聚焦写作的细节，用思维导图进行联想，从而想到更多的细节，把文章打磨得更加细腻精彩。比如，部编版语文四年级下册第四单元写作“我的动物朋友”，引导学生用气泡思维导图列出小动物的细节，如小猫柔软的毛发、会变形的瞳孔、面对不同的人有不同的叫声、爪子上梅花形的小肉垫等，通过思维导图把生动丰富的细节罗列在纸上，学生便可以游刃有余地把文章写得更加细腻、生动。

二、核心素养下思维导图在写作教学中运用的意义

1. 思维导图是对学生学习方法的指导

思维导图是一种思维工具，它简单高效，易学，易操作，且可以根据学生的个人学习习惯、兴趣等实现绘图风格的个性化。指导学生用思维导图进行多次写作以后，学生便很容易明白其中的原理，并能举一反三，根据不同的作文题材、不同的写作需要绘制不同的思维导图，有效地提升了学生的自主学习能力。所以，运用思维导图指导学生写作，是让学生学会学习方法的过程，体现了语文核心素养培养的学习方法的指导。

2. 思维导图能提高学生语言运用能力

在运用思维导图指导写作的过程中，教师可以指导学生用泡泡形的思维导图帮助自己进行细节写作。比如，部编版语文四年级下册第七单元写作“我的自画像”中，先用树状的思维导图列出“外貌”“性格”“爱好”等写作要素，再用泡泡框连接出写作细节，如“外貌”中，可以用细线延伸出“水灵灵的眼睛”“红润润的双手”等。学生在绘制中不断思考哪些词语可

以准确地描绘出自己的外貌，是一个语言运用的过程。在这个过程中，学生通过语言的建构和组织提升了语言运用能力，体现了语文核心素养培养的语言运用能力的要求。

3. 思维导图能促进学生写作思维能力的提升

在写作过程中，学生运用思维导图搭建文章框架结构、厘清思路，在这个过程中，学生要根据一定的要求进行回忆、重组、构建、想象，把抽象的思维用直观的图像呈现出来。这样，学生通过对写作思维的层层剖析，掌握了写作的思维规律，每次写作都是一次对写作思维能力的提升，而不是不假思索，想到哪儿写到哪儿，更不是对范文的简单模仿。提升学生的写作思维能力，也正体现了语文核心素养的培养要求。

语文核心素养的培养对教师的教学方式提出了更高的要求，教师应该不断更新教学观念和方法。在写作教学中有效地运用思维导图，在提高教学效率，促进教学质量提升的同时，能有效地培养学生的自主学习能力、语言运用能力和写作思维能力，提升学生的语文核心素养。

2020年9月

韩垂栋

参考文献

[1] 李秀华.有效运用思维导图，提高学生语文素养［J］.语文教学与研究，2019（10）.

[2] 何辉武.浅谈小学语文教学中语文素养的培养［J］.科学咨询（科技管理），2020（8）：250.

[3] 夏雪嫦.核心素养下小学语文教学中运用思维导图的思考［J］.科学咨询（教育科研），2020（2）：196–197.

[4] 黄文锋.小学语文思维导图作文教学模式的实践探究［J］.中小学教学研究，2020（4）：65–68.

以练促学　提升素养

近年来，我们针对目前语文教学中存在的教师教得多、学生学得少，灌输知识多、培养能力少的现状，打破传统教学中陈旧的思想、方法的束缚，结合平远县第一小学实际，引进学习外地经验，在语文教学中，按照“预习（引）—学习（读）—练习（练评）”三个基本环节，贯穿培养学生自学能力，发展智力这条主线，进行语文教改。我们在实践过程中，以“把自学引进课堂，把学生作为实践主体”为突破口，扎扎实实以训练为主线，做到环环相扣、步步落实，收到了明显的效果。我们是从以下几个方面搞好自学中的“练”的。

一、先学先练，变被动为主动

在学习时，我们实施的第一个环节是预习。学生是在老师的直接指导下进行的。练什么呢？怎样才能使学生练有目的、练有重点、练有收获呢？我们体会到要落实这一环节，要做好如下几点。

1. 时间要有保证，一定要在课内进行

在学生没有形成习惯和一定能力以前，放任自流，自学只能是一句空话。

2. 学方法要简便易行，学生易掌握，师生易检查、评比，训练扎实、高效

在初读课文阶段，我们初步摸索出一套山区小学生容易掌握的预习方法。方法如下：

（1）读。读课文3～5次以上，直至正确流利。

（2）画。借助工具书用铅笔画出生字组词和多音字组词。

（3）找。给每个生字找出形近字并组词。（自学本上作业）

（4）抄。抄写生字组词和课后要求掌握的词语，每个3遍。

（5）查。查字典等工具书，理解词语，抄出适合课文的解释。

（6）试。试做课后的问题。

（7）提。提出自己不懂的问题。

这一预习方法可归纳为“读、画、找、抄、查、试、提”七字学法。经过一段时间的训练，中低年级也能完全掌握，学生自学效果很好。学生充分熟悉了课文，字词训练落到实处。教师有大量的课堂时间放在读写训练重点项目上，促进了教学目标的实现。

3. 自学要求分段提出，突出教材重点，精学多练，形式多样

“初读课文”阶段，自学要求一般按七字学法进行。在“复读课文”阶段，要引导学生从整体入手，厘清文章大意，如《记金华的双龙洞》设计如下。

（1）用一句话概括全文意思。

（2）熟读全文，画出作者游览线路图。

金华→罗甸→入山→（　　）→（　　）→（　　）→（　　）

（3）按游览顺序给课文分段，写出段意。“精读课文”阶段，对文章的内容和形式进行深入理解，达到语言文字训练的目的。这时提出的自学题必须依据课文思路和教学思路设计，结合学生实际，有启发性，让学生去读书、思考、圈画、回答。比如，《记金华的双龙洞》重点段落做了如下设计。

写外洞一段：①作者在洞口、外洞看到了什么？用“______”画出来，再用“～～～”画出表示特点的词。②可用哪些词语来概括外洞的特点？

写内洞一段：①作者在内洞写了哪些景物？用“______”画出来，用“～～～”画出表示特点的词。②重点写了哪些景物？应该怎样来概括特点？

“精读课文”阶段，不能对每段都平均用力，必须突出教材重点，精选典范段落，做到以点带面。形式要灵活多样，读、思、画、说等形式多样，便于操作，引导学生放手进行阅读实践，在课堂上有较多时间从事听、说、读、写等活动，语言文字训练落到实处，充分体现了学生参与“练”的实践性。

4. 要及时掌握自学效果

只有及时掌握自学效果，教师才能及时调整自己的教学方案，做到有的放矢的指导。如上文例中，了解到学生对景物特点不易理解，对分层看法也较多，教师在教学时便针对问题重点引导体会，提高了课堂效率。要求学生按要求进行练习，区分懂与不懂部分，记下自己的疑难，以便讨论评议时具有针对性。教师掌握情况的方式可安排学生小组交流，或提出考查等形式去实现，放手让学生质疑问难也是了解情况的重要手段。教师及时把握方向，提出要求，进行督促与鞭策。

学生在自学课（预习课）这一阶段，通过先学先练的尝试，对老师来说，主导意识得到充分发挥，使学生练有目的、练有重点，同时及时反馈了学生方面的信息，有利于及时完善教学方案，变被动为主动。对学生来说，主体作用有了体现，培养了自学能力、独立思考的习惯和主动探索的精神，同时又使学生学习中的疑难问题暴露出来，使下个阶段的学习更有针对性和感性基础。

二、读议中练，使自学得以升华

在学习阶段，教师主要组织学生将自学中的字、词、句、篇等方面的各种认识在学生之间、师生之间进行交流和有根有据的互评。这个过程本质上是再读书、再思考、再练习的过程。此时，学生就在进行着一定的思维和语言的训练，进行着听、说、读、写能力的培养。最后，通过老师的讲解、小结，学生在自学中的某些感性认识上升为理性认识，从而掌握语文的知识点、规律或方法。至此，学生的自学升华到了一个新的境界。

怎样"读议中练"才能使自学得以升华呢？下面谈谈我们落实"学习课"这一环节中"练"的做法。

1. 尽可能让学生动脑、动手、动口寻找答案

对思考题的提出，我们体会到应设计得明确、具体，先根据文章内在联系进行点、画、圈、注等形式的自学作业，然后才组织语言回答问题，深化朗读体会。这种做法和仅仅提出问题要求学生回答的做法比较，有一个好处是点、画、圈、注词句的阶段就是引导学生深入读书的阶段。这个阶段要求明确，导向清晰，人人可参与，学生容易成功，积极性高，同时为组织语言来回答问题做好了铺垫，学生有了丰富的感性认识，组织一段完整的语言来回答问题也就容易多了。如教课文《海滨小城》第一段时，学生在总体上理解这一段的意思后，教师围绕"抓住景物特点"这一单元重点训练项目的要求，组织学生默读第一段，要求先用"______"画出这段所写的景物，再用"______""△""～～～～"这些不同的符号画出这些景物的颜色、形态、动作的词语。在读、想、画的基础上，让学生系统回答：大海是什么样子的？有什么突出特点？表达了作者怎样的感情？作者是按照怎样的顺序进行观察的？

2. 尽可能让各种意见充分交流

思维和语言是密不可分的。评议过程中，要充分进行思维和语言的训练。通过训练学生的语言表达能力发展他们的思维能力，通过思维能力来促进语言能力的发展。所以，评议讨论尽可能让各种意见充分交流，人人参与听、说、读、写、思的训练。

（1）彻底摒弃问上句、答下句，然后老师根据学生的答案板书的所谓分析课文的做法。

（2）对讨论内容而言，一定要先做自学作业，学生通过阅读做好准备。

（3）对讨论对象而言，不是一个学生答对时便就此罢手，以为已完成了思维训练的过程，而是要让一批学生作答，或采用小组交流等形式，或让学生相互评议，目的在于给所有学生提供语言思维训练的机会，不仅仅是为了寻求答案。

（4）讨论的过程是师生分析、比较、综合对各种答案进行评价、校正、筛选和优化的过程。后发言的同学筛选同学的信息，吸收正确的，去掉错误的，补充不足的，加上自己的，把似是而非的变为清晰明确的，把粗浅的加工为深刻的。

（5）对讨论的结果，不满足学生用一句完整的话回答问题，还要引导学生连贯地用几句话乃至用一段话来回答问题。结果出来后，教师必须进行必要的小结。

3. 教给学法，举一反三地练

评议讨论中，通过小结，找出带规律性的东西教给学生，让学生把知识转化为技能，举一反三地练，不断探索、创新。

（1）教给自学的方法。这些自学方法是：使用工具书的方法；解题方法；联系上下文理解词语句子的方法；厘清文章写作思路的方法；分层、分段，写段意、层意（或小标题）的方法；概括主要内容和归纳中心思想的方法；紧扣题目要求组织文字解答的方法；运用各种符号在文中画、点、圈、批、注等。

（2）教学各段内容或表现形式基本相同的课文时，采用“以节带段”的方法进行教学。先尝试方法，再尝试运用，后巩固掌握。如《海滨小城》

中写的大海、海面、沙滩三个自然段，写的庭院、公园、街道三个自然段，结构写法大致相同。教学时，我先重点指导学生细读写大海这一段，学会方法，然后要求学生运用同样的方法，自学写海面、沙滩两段。后三段教学时，先细读庭院这一段，掌握方法后，自学写公园、街道这两个自然段。

（3）运用单元整组教学法，把单元作为一个整体进行教学，以例话中的重点训练项目为主线，厘清单元层次，进行序列训练，教会学生自己读书。打破“读写例话”教材编排的顺序，把它提到教学讲读课文后进行，单元教学便形成了这样的序列：一是“讲读课文”中学方法；二是“读写例话”中明方法；三是“阅读课文”中练方法；四是“独立阅读课文”和“基础训练”中用方法。这样，学生的练便在单元整体中全线贯穿。例如，在学习小学六年级语文第四组课文时，着重学习作者如何抓住细节表现文章中心。在教学讲读课文《凡卡》一课时，紧扣“体会文章细节”这一点，让学生找出来并仔细体会，然后结合“读写例话”中“注意文章细节”的学习，总结出体会文章细节的方法（抓人物细节、抓环境细节、抓情节细节）。教学二、三类课文《高尔基的童年》《小抄写员》时，让学生运用已掌握的方法，自己去体会文章如何抓住细节，教师着重检验效果。

三、读后再练，读写能力得以巩固发展

读后再练的目的在于巩固知识的同时，发展读写能力，所以要改变过去机械记忆的消极巩固手段，练习要使知识与实际运用相挂钩。因此，练习的做法一般有三种。

1. 巩固基本知识的练习

通常是根据学生的情况设计一部分补充练习和完成《练习册》的练习。

2. 阅读性练习

要求学生有感情地熟读课文，品评背诵佳句和精彩片段。同时扩大课外阅读，实现迁移，多利用市局编印的《读写同步训练》来进行。

3. 仿写练笔

根据教材和学生情况，设计读写对应练习，使读写紧紧结合，以读带写。

（1）读中仿写片段。仿写课文中的段落，可以仿方法，也可以仿题材。如学习《少年闰土》开头一段，可仿写某个同学的外貌；学习《月光曲》中描绘月升景象的段落后，可布置练习描写日出或日落的景色；学习了“总

起—分述”结构的段落后，可学这种表达方式写段落等等。

（2）读后仿全篇。紧扣单元训练项目进行。可以仿思路、仿题材、仿表现方式。如学习《读书笔记一则》后，掌握了读书笔记的写法。然后组织学生讨论，你读了什么书？对照自己哪点体会最深？最后动笔写。学了《记金华的双龙洞》，掌握了按游览的地点来记叙的方法，我便指导学生用此法写《南台山游记》。学一课，练一课；练一课，有一得。这样反复训练，学生的读写能力得以迅速提高。

2016年7月

彭丽琼